Markus Büning

Kaufpreis unseres Heils

Zugänge zum Geheimnis des
kostbaren Blutes Jesu Christi

**Mit einem Vor- und Nachwort von Wolfgang Haas,
Erzbischof von Vaduz**

© VVV CHRISTIANA-VERLAG
im Fe-Medienverlag, Hauptstr. 22,
D-88353 Kisslegg-Immenried

1. Auflage 2017

Gestaltung: Renate Geisler
(Umschlagbild mit freundlicher Genehmigung des Frauenklosters Schellenberg,
Fürstentum Liechtenstein)
Druck: Axlo, Poznań, Polen

ISBN: 978-3-7171-1272-3

Printed in EU

Inhaltsverzeichnis

VORWORT

MARIA DUCE OBVIAM CHRISTO

Im Jahre 1990 erschien ein kleines Buch mit dem Titel „Wider die Entsinnlichung des Glaubens". Der Autor – Joachim Kardinal Meisner – äußert darin „Gedanken zur Re-Evangelisierung Europas" und sieht in der sogenannten „Entsinnlichung des Glaubens" eine der Hauptursachen für die Entchristlichung des Abendlandes. Dadurch, dass das Ewige Wort des himmlischen Vaters durch das Wirken des Heiligen Geistes aus der Jungfrau Maria Fleisch angenommen hat (*Et verbum caro factum est*), ist die zweite göttliche Person durch eben diese Annahme der Menschennatur sichtbar, hörbar und berührbar geworden. Die Inkarnation, also die Menschwerdung Gottes, lässt die ganze Schöpfung und darin vor allem den Menschen in einem neuen Licht sehen, in einem neuen Licht verstehen, in einem neuen Licht erstehen. Durch sie werden alle sichtbaren, hörbaren, berührbaren und greifbaren Wirklichkeiten für das Heilswirken Gottes in Dienst genommen. Anders ausgedrückt: Alles Sinnenhafte ist nunmehr befähigt, heilshafte Bedeutung und heilswirksame Kraft zu erlangen. Am ausdrücklichsten und zugleich am eindrücklichsten, am intensivsten und zugleich am intimsten wird dies am Geheimnis des Blutes Christi offenbar.

Der Völkerapostel Paulus schreibt im Römerbrief: „Alle haben gesündigt und die Herrlichkeit Gottes verloren. Ohne es verdient zu haben, werden sie gerecht, dank seiner Gnade, durch die Erlösung in Christus Jesus.

9

Ihn hat Gott dazu bestimmt, Sühne zu leisten mit seinem Blut, Sühne, wirksam durch Glauben. So erweist Gott seine Gerechtigkeit durch die Vergebung der Sünden, die früher, in der Zeit seiner Geduld, begangen wurden; er erweist seine Gerechtigkeit in der gegenwärtigen Zeit, um zu zeigen, dass er gerecht ist und den gerecht macht, der an Jesus glaubt" (Röm 3,23–26). – Mit seinem Blut! Hierin ist schon das zentrale Geheimnis unseres christlichen Glaubens konkret angesprochen: keine Erlösung ohne das Blut, das der Herr für uns und für viele vergossen hat. Der Kreuzestod Jesu, aus dessen Seitenwunde Blut und Wasser flossen (vgl. Joh 19,34), ist der Grund der neuen Gerechtigkeit, welche dem Christgläubigen geschenkhaft zuteilwird. Das Herz des Erlösers, aus dem das kostbare Blut strömt, ist die Quelle des Heils. Es ist die Quelle der barmherzigen Liebe, die allein den Durst der menschlichen Seele zu stillen vermag. Schon in einem Psalm heißt es: „Wie der Hirsch lechzt nach frischem Wasser, so lechzt meine Seele, Gott, nach dir. Meine Seele dürstet nach Gott, nach dem lebendigen Gott" (Ps 42,2–3a).

Mit einer kaum überbietbaren Konkretheit, Anschaulichkeit, ja Sinnenhaftigkeit, hat die heilige Katharina von Siena aufgezeigt, dass Jesus gleichsam „wie ein Verliebter zum schmachvollen Tod am Kreuz hineilte. Und der Grund dafür? Es geschah einzig aus Liebe zu unserem Heile. Ihr seht also, dass das Blut alle Zweifel, die wir etwa noch daran hatten, ob Gott etwas anderes wollte als uns gut sein, fortnimmt. – Mit seinem Blut hat er ja das Antlitz unserer Seele gewaschen. Im Blut, das mit so viel Feuer der Liebe und mit so viel Geduld vergossen wurde, schuf er uns neu zur Gnade. Das Blut beschönigte unsere Nacktheit, da es uns mit Gnade bekleidete. Die Wärme des Blutes ließ die Lauheit des Menschen auftauen. Im Blut wurde die Finsternis zerstört und das Licht geschenkt. Im Blut wird die Eigenliebe verzehrt, d. h. die Seele, die nur auf sich schaut, wird vom Blut geliebt und bekommt dadurch eine Stütze, an der sie sich erheben kann aus der elenden Eigenliebe. Nun kann sie ihren Erlöser lieben, der ihr mit so viel Liebesfeuer das Leben gab und wie ein Verliebter den schmachvollen Tod auf sich nahm. – Dieses Blut ist uns in reichlichem Maße gegeben worden: Schon am achten Tag nach seiner Geburt wurde das Fässchen seines Leibes angezapft, als er beschnitten wurde. Aber es war so wenig, dass davon das Geschöpf nicht satt wurde. Zur Zeit des Kreuzes jedoch wurde die Lanze in seine Seite gestoßen, wobei ihm Longinus als Werkzeug diente, als er ihm das Herz öffnete. Nachdem dieses Fass des Lebens, sein Leib, geleert worden war, trennte sich die Seele von seinem Leib. Das Blut, das nun in so überreichem Maße dargeboten wurde, hat die Posaune des Erbarmens und des Feuers des Heiligen Geistes verkündet, sodass nun jeder, der dieses Blut will, hinzutreten kann. Wohin? Zu diesem Fass selbst, zum gekreuzigten Christus, indem er seiner Lehre nachfolgt und auf seinem Weg geht. Und was ist seine Lehre? Die Ehre Gottes lieben und das Heil der Seelen und mit Sorge, Anstrengung und Gewalt gegenüber der eigenen Sinnlichkeit die Tugend erstreben. – Was haben wir also nötig? Wir brauchen das Blut. Denn in diesem Blute Christi finden wir eine so feste Hoffnung, dass sie uns jede knechtische Furcht fortnimmt. Dann finden wir wieder einen lebendigen Glauben und wir merken wieder, dass Gott ja doch gar nichts anderes will als uns gut sein" (Aus den Briefen 13, 87 u. 56).

Es gibt geistbegabte Menschen, die es in tiefer Einsicht unternommen haben, über das Heilsgeheimnis des Blutes Christi und über dessen Wirkmacht höchst erbauliche Gedanken ins Wort zu heben und in geistlich nutzbringenden Schriften festzuhalten. Diesem Anliegen will auch das vorliegende Buch dienen, wofür dem Verfasser aufrichtige Anerkennung und herzlicher Dank gebühren. Möge diese Publikation, welche die biblischen, lehramtlichen und theologischen Grundlagen einer echten Verehrung des Kostbaren Blutes zu erschließen bestrebt ist, dazu beitragen, dass gerade auch heute und in Zukunft immer mehr das Gestalt gewinnt, was der heilige Kaspar del Bufalo – der große Apostel des Kostbaren Blutes Jesu Christi – in seiner *„Generalis operis adumbratio"*, die er Papst Leo XII. entboten hat, so formulierte: „In der Verehrung des Kostbaren Blutes haben wir die Schatzkammer der Weisheit und Heiligkeit. Hierin liegt unser Trost, unser Friede und unsere Rettung. Die Verehrung des Kostbaren Blutes gehört zum Wesen des christlichen Glaubens."

Dies führt uns wieder zurück zu den eingangs benannten „Gedanken zu Re-Evangelisierung Europas". Gerade im Hinblick auf die sinnenhafte Wahrnehmung des Kostbaren Blutes unseres Herrn Jesus Christus – gläubig und andächtig für wahr genommen im sakramentalen Geheimnis des heiligen Messopfers – kann es keine „Entsinnlichung des Glaubens" geben. Unser christlicher Glaube – in seiner katholischen Fülle – kennt weder eine spiritualistische Enthobenheit oder eine subjektivistische Verflüchtigung noch eine materialistische Abwegigkeit oder einen humanistischen Horizontalismus. Er ist und bleibt gerade dadurch real und objektiv, dass er offenbarungsgemäß himmelwärts ausgerichtet und menschenfreundlich wirksam ist. Als Realist weiß der Christ bei aller Betonung des Sinnlichen, des Sinnenhaften und des Sinnhaften im Glaubensleben um den Einfluss der Erbsünde und ihrer Folgen. Er wird sich also unter moralischer Rücksicht bei alledem bewusst bleiben, dass Sinnlichkeit stets anfällig für ungeordnete Begierde ist, Sinnenhaftigkeit dem trügerischen Schein ausgesetzt bleibt, Sinnhaftigkeit einem Irrtum erliegen kann. Von daher lässt sich leicht verstehen, was die heilige Katharina von Siena so ausgedrückt hat: „Der Sohn … gab sein Leben dahin, um uns das Leben zu erwerben, und er machte uns in seinem Blute ein Bad, um den Aussatz unserer Sünden abzuwaschen. So erkennt also die Seele und hält es in lebendigem Glauben fest: Gott wird es nicht zulassen, weder dass uns die bösen Geister mehr, als wir ertragen können, belästigen noch dass uns die Welt über unsere Kräfte betrübt …". In der Liebe des Kostbaren Blutes unseres Herrn Jesus Christus und im Vertrauen auf die Hilfe Marias, der Mutter und Königin vom Kostbaren Blut, entbiete ich dem Verfasser und der Leserschaft dieses Buches meinen Segen.

Schellenberg/Liechtenstein, 30. November 2016,
am Fest des hl. Apostels Andreas

+ Wolfgang Haas
Erzbischof von Vaduz

EINFÜHRUNG

Zwei Frauen, ganz tief verwundet vom Mitleiden mit ihrem Herrn und Heiland, müssen mit ansehen, wie Jesus Christus an der Martersäule auf grausamste Weise gegeißelt wird. Sein heiliger und unschuldiger Leib ist völlig entstellt durch die Geißelhiebe und seine heilige Seele ist verletzt von dem Spott und Hohn, den ihm seine Peiniger entgegenbringen. Der Marmorfußboden der römischen Folterstätte ist überströmt mit dem Blut des Gegeißelten. Was tun nun diese beiden Frauen? Sie nehmen Tücher und wischen voller Trauer dieses Blut mit tiefer Liebe und Ehrfurcht auf. Von diesem kostbaren Blut soll nichts verloren gehen, es ist ja das Blut des Erlösers. Wer sind die beiden Frauen? Es sind Maria, die Mutter Jesu, und Maria von Magdala. Zwei liebende Frauen, die in einer jeweils ganz einzigartigen Beziehung zu diesem Jesus stehen: die eine als seine Mutter, ganz rein und ohne Sünde, und die andere als die große Sünderin, die durch den Anruf des Heilands die Gnade der Bekehrung empfangen durfte. Diese Frauen wissen genau, welch kostbares Blut sie mit ihren Tüchern aufwischen: „Nun aber sah ich die heilige Jungfrau und Magdalena, als das Volk sich mehr nach einer andern Seite wendete, dem Geißelplatze nahen und sie warfen sich, von den andern heiligen Frauen und einigen guten Leuten, die um sie her traten, umschlossen und gedeckt, auf die Erde bei der Geißelsäule nieder und trockneten das heilige Blut Jesu mit jenen Tüchern auf, wo sie nur eine Spur fanden."[1] Ja, von dieser kostbarsten aller Flüssigkeiten sollte kein Tropfen verloren gehen. Keine Geringere als die selige Anna Katharina Emmerich berichtet uns in ihren Visionen ergreifend über dieses Ereignis, das sie auf gnadenvolle Weise in ihren Ekstasen sehen durfte. Mel Gibson hat diese

---

[1] *A. K. Emmerich*, Das bittere Leiden unseres Herrn Jesus Christus. Nach den Betrachtungen der Augustinerin von Dülmen. Aufgeschrieben und mit einem Lebensabriss der Begnadeten versehen von *C. Brentano*, 19. Aufl., Stein am Rhein 2006, S. 199.

anrührende Szene in seinem eindrucksvollen Film „The Passion of the Christ" für uns ins Bild gesetzt. Wer diesen Film gesehen hat, erinnert sich sicher an diese Episode.

Heute, zweitausend Jahre später, ein Blick in den liturgischen Kalender der nachkonziliaren Zeit am 1. Juli: „Vom Tage (grün), ‚Kostbares Blut': Die bisherige Messe bleibt unter den Votivmessen erhalten", soll heißen: Das „Fest vom Kostbaren Blut" unseres Erlösers ist abgeschafft. Wer will, kann an diesem Tag die Votivmesse wählen, was aber kaum noch ein Priester tut. Viele können und wollen sich mit diesem Festmotiv gar nicht mehr auseinandersetzen. Warum? Dann müsste man sich mit Themen wie Opfer, Sühne und Schuld auseinandersetzen. Das alles passt nicht mehr in eine Zeit, in der die Menschen auf Erfolg, Wohlstand, Karriere und Liberalität ohne Grenzen getrimmt sind. Kostbar erscheinen den meisten Menschen, auch vielen in unserer Kirche, ganz andere Dinge.

Aber es gibt sie immer noch, die Marien- und Magdalenengestalten, die mit den ihnen zu Verfügung stehenden Tüchern, mit ihren Herzen, das kostbare Blut des Erlösers anbeten und verehren und so hoffen, diese Gabe in Ehrfurcht empfangen zu können: die vielen Menschen, die treu das Altarsakrament aufsuchen und in Anbetung verharren. Die treuen Besucher der hl. Messe, in der unser Herr sich mit seinem Leib und seinem Blut als Opfergabe schenkt. Die vielen Pilger, die sich Jahr für Jahr aufmachen und die großen Wallfahrtsorte aufsuchen, in denen das kostbare Blut des Erlösers besonders verehrt wird.

Es gibt sie also noch, die Katholiken, die nicht vergessen haben, dass das Blut unseres Heilands der Kaufpreis unserer Erlösung ist. Und auch im Himmel wird das Opferlamm gepriesen: „Denn du wurdest geschlachtet und hast mit deinem Blut Menschen für Gott erworben aus allen Stämmen und Sprachen, aus allen Nationen und Völkern, und hast sie für unsern Gott zu Königen und Priestern gemacht …" (Offb 5,9f.). Durch dieses Blut des Lammes haben wir unser Heil, unsere Königs- und Priesterwürde empfangen. Durch dieses Blut sind wir Teil des mystischen Leibes Christi geworden. Durch dieses Blut erst können wir frei werden von aller Anhänglichkeit an das Böse.

Wenn wir uns diesen Zusammenhang bewusst machen, ist es völlig unverständlich, wieso in unserer Kirche die Verehrung des Kostbaren Blutes Jesu Christi ihren Stellenwert eingebüßt hat. Dieses Buch möchte zeigen, wie wichtig, ja lebenswichtig, diese Devotion für das Leben der ganzen Kirche ist.[2] Eine Kirche, die nicht mehr um diesen Kaufpreis der Erlösung weiß, wird undankbar gegenüber dem, der sein Blut für seine Braut vergossen hat. Eine Kirche, die sich des kostbaren Blutes Jesu

---

[2] Meinem Wissen nach ist die erste größere Abhandlung zum Thema in deutscher Sprache im Jahr 1860 erschienen. Verfasser dieser grundlegenden, ursprünglich auf Englisch, verfassten Schrift ist Pater *Frederick William Faber*, der als Superior des Londoner Oratoriums zum Freundeskreis des *sel. John Henry Kardinal Newman* gehörte: *F. W. Faber*, Das kostbare Blut oder der Preis unserer Erlösung. Mit Genehmigung des Verfassers ins Deutsche übertragen von *C. B. Reiching*, Regensburg 1860. *Faber* selbst ist wie *Newman* als anglikanischer Geistlicher mit weiteren Freunden aus der Oxfordbewegung zur katholischen Kirche übergetreten. Sein Buch ist durchdrungen von einer tiefen Frömmigkeit und hat mich bei der Vorbereitung dieses Buches sehr inspiriert. Allerdings ist die dort gewählte Sprache für unsere Ohren mitunter nur noch schwer verständlich. Es besteht daher die Notwendigkeit, das früher Gesagte für unsere Zeit zu übersetzen. Ich sehe mein Arbeiten aber klar in der Tradition von *Faber*, der sich dieses Themas auf ganz großartige Weise angenommen hat. Auf folgende Abhandlungen wird zudem hingewiesen: *F. Burger*, Erlöst in Blut und Wunden, Feldkirch o. J.; *R. Mäder*, Das Kostbare Blut Christi, Oberriet o. J.; *D. Otto*, Zur Liebe erlöst. Das Kostbare Blut und die Ordensgründerin Anna Marie Brunner, Jestetten 2012; *F. Weiss*, Gottes Blut. Wunder, die die Welt nicht leugnen kann. Mit einem Vorwort von Prälat *R. Mäder*, 2. Aufl., Stein am Rhein 1988. Sehr zu empfehlen ist auch das Buch von *K. Kolb*, Vom heiligen Blute, Eine Bilddokumentation der Wallfahrt und Verehrung, Würzburg 1980. Der Schwerpunkt liegt hier auf der frömmigkeits- und kunsthistorischen Durchdringung des Themas. Das gebotene Bildmaterial veranschaulicht, wie schön es ist, sich dieses großen Geheimnisses unseres Glaubens anzunehmen.

Christi nicht mehr verdankt, wird an Blutarmut zugrunde gehen. Eine solche Kirche hört auf, Kirche zu sein, da sie sich von ihrem Quellgrund entfernt, entspringen doch die Sakramente der Kirche aus dem geöffneten Herzen des Erlösers, aus dem Blut und Wasser der Seite Jesu.

Dankbar bin ich Herrn Erzbischof Wolfgang Haas aus dem Erzbistum Vaduz, der sich zum zweiten Mal bereit erklärt hat, mir ein Vorwort zu schreiben. Nach dem Vorwort zum Buch über die Herz-Jesu-Verehrung der seligen Maria Droste zu Vischering liegt es auf der Hand, ihn nochmals um ein solches zu bitten, da es jetzt um die edelste Frucht des Herzens Jesu geht. Zudem ist der Erzbischof in einer Diözese tätig, in der mehrere Klöster ihren Sitz haben, die sich der besonderen Verehrung des kostbaren Blutes verschrieben haben. Ich danke dem mutigen Bischof, der viel Verfolgung in den Jahren seines Dienstes ertragen musste, für die Erlaubnis, sein wertvolles Hirtenwort zur Heilig-Blut-Verehrung als Nachwort in diesem Buch veröffentlichen zu dürfen. Welcher Bischof ist heute noch bereit, zu so einem Thema ein Hirtenwort zu schreiben? Ich danke Gott für diesen mutigen und treuen Künder des Evangeliums und erbitte ihm besonders den Schutz der Mutter vom kostbaren Blute.

Widmen möchte ich dieses Buch meinem inzwischen verstorbenen Großvater Bernhard Wichelhaus, der mich in vielen Gesprächen über die Schönheit des katholischen Glaubens sehr beeindruckt hat. Er war lange Jahre als Lehrer in einer münsterländischen Dorfschule tätig. Vielen Kindern erzählte er voller Überzeugung vom Glauben. Während des Dritten Reiches tat er diesen Dienst unter erschwerten Bedingungen. Bei einer Visitationsreise durfte er den damaligen Bischof von Münster, den seligen Clemens August Kardinal Graf von Galen, kennenlernen, der ihm in einem vertrauten Gespräch Mut zusprach, auch in den Zeiten der Diktatur den Kindern weiter den katholischen Glauben zu vermitteln. Diese Begegnung prägte ihn für sein ganzes weiteres Leben. Ich verbinde mit dieser Widmung den Wunsch, dass wir nicht aufhören, die Würde der alten Menschen zu verteidigen. Gerade ihre reiche Lebenserfahrung hat uns etwas zu sagen.

Mögen alle, die diese Schrift zur Hand nehmen, Trost aus der Verehrung des kostbaren Blutes schöpfen und so eine tiefe Dankbarkeit gegenüber Gott für die Hingabe seines Sohnes am Kreuz und im Altarsakrament erlangen.

Nottuln, 8. Dezember 2016, am Hochfest der ohne Erbsünde empfangenen Jungfrau und Gottesmutter Maria

Markus Büning

Das kostbare Blut Jesu Christi
in der Heiligen Schrift

Die Heilige Schrift soll unser erster Zugang zum Thema sein.[3] Wir werden sehen, dass uns die Bibel von ihren ersten Seiten an die Bedeutung des Blutes, des Lebenssaftes schlechthin, eindrucksvoll vor Augen führt. Dem Blut kommt in der Schrift eine große Bedeutung zu. Dieses Thema verbindet auf ganz besondere Weise das Zeugnis beider Testamente. Wenn man so will, ist die Bedeutung des Blutes die heilsgeschichtliche Klammer zwischen dem Alten und dem Neuen Bund. Wir wollen nun sehen, wieso dies so ist.

Das Blut im Alten Bund

Das Zweite Vatikanische Konzil hat uns in der „Dogmatischen Konstitution über die göttliche Offenbarung" den Verständnisschlüssel zum Zeugnis des Alten Testaments an die Hand gegeben: „Gottes Geschichtsplan im Alten Bund zielte vor allem darauf, das Kommen Christi, des Erlösers des Alls, und das Kommen des messianischen Reiches vorzubereiten, prophetisch anzukündigen [...] und in verschiedenen Vorbildern anzuzeigen [...]."[4] Diese Vorbildfunktion der alttestamentlichen Bot-

---

[3] Vgl. zu diesem Aspekt den informativen Aufsatz von *H. Haag*, „Das Blut ist die Seele". Eine biblische Besinnung, in: *J. Brülisauer, H. Haag, W. Schildmann*, Das Heilig Blut zu Willisau. Festschrift zur 600-Jahr-Feier, Passau 1992, S. 35–43. Allerdings vermittelt der Titel des Aufsatzes eine allzu vergeistigte Sicht des Begriffes „Blut" im Alten Bund. Der Begriff „Seele" (= hebr. *näfäsch*) im Alten Testament ist keineswegs gleichzusetzen mit dem lateinischen Begriff *„anima"*. Vielmehr geht es im AT hier umfassend um die Bedeutung „Leben", mit anderen Worten: „Das Blut ist das Leben." Zudem vgl. hierzu *Faber*, S. 117ff.

[4] Nr. 15, zit. nach LThK, Bd. 13, S. 561.

schaft wird ganz besonders in den Schriftzeugnissen über das Blut[5] deutlich. Alle diesbezüglichen Aussagen des Alten Testaments sind bereits auf den hin zu lesen, der am Kreuz sein Blut vergossen hat, auf Jesus Christus. Umgekehrt wird aber auch deutlich, dass wir die Verkündigung des Herrn über die Bedeutung seines kostbaren Blutes und die nach der Himmelfahrt erfolgte Predigt der Apostel über das kostbare Blut des Erlösers nur verstehen können, wenn wir uns mit der Behandlung dieses Themas im Alten Bund auseinandersetzen. Hier sind wir gefordert, uns mit dem jüdischen Ursprung unserer Religion intensiv auseinanderzusetzen. Unser Herr sagt doch selbst klar und unmissverständlich, dass das Heil von den Juden kommt (vgl. Joh 4,22). Das jüdische Volk ist als das auserwählte Volk Gottes das Volk seines Bundes.[6] Und dieser Bund ist auf Gottes Geheiß am Sinai durch das Blut von Stieren besiegelt worden (Ex 24,8). Schon sind wir bei unserer Thematik: Blut und Bund, Hingabe und Erlösung gehören untrennbar zusammen. Doch mit dem Blut Jesu ist der Kult des Alten Bundes in einer Vollendung überholt worden, die die Menschen bis zu dem Zeitpunkt, als der Herr am Kreuz sein Blut vergoss, nicht für möglich gehalten haben. Hier floss das Blut des Neuen Bundes, das Blut, das einzig und allein imstande war, die gefallene Welt zu retten.

---

[5] Zum Bedeutung des Blutes im Alten Testament vgl. *C. Frevel*, Art. „Blut I. AT", in: HGANT, S. 123–125 und *J. Scharbert*, Art. „Blut II. Altes Testament u. spätjüd. Theologie", in: LThK, Bd. 2, Sp. 538–539.

[6] Vgl. zum Ganzen auch die heilsgeschichtliche Interpretation des Apostels Paulus in Röm 9–11, wo er das Verhältnis von Altem und Neuen Bund zu klären versucht. In Röm 11,2.29 wird klar betont, dass Gott diesen Bundesschluss nicht bereut. Es bleibt bei der Erwählung Israels. Dies ist ein großes Geheimnis.

Das Blut als Inbegriff für das Leben

Wieso spielt das Blut bereits im Alten Testament eine solch große Rolle? Wieso deutet sich bereits hier die heilsgeschichtliche Bedeutung des Blutes an? Das Blut (hebr. דָּם = *dām*) steht in der Welt des Alten Testaments als Inbegriff für das Leben. Gott der Herr, der Schöpfer, gibt jedem Lebewesen diesen Lebenssaft. Wenn dieser Saft aus dem Körper fließt, erlischt das Leben. Blut und Leben sind in der Sprache des Alten Bundes Synonyme. So heißt es in Lev 17,11: „Die Lebenskraft des Fleisches sitzt nämlich im Blut." Das Blut ist als von Gott geschenkter Lebensträger unendlich wertvoll, am Blut hängt das Leben. Genau dies ist der Grund, wieso das Blut, auch das Blut von Tieren, nach alttestamentlicher Vorstellung heilig ist. Letztlich dachte der alttestamentliche Mensch hier schöpfungstheologisch. Er war sich im Klaren darüber, dass das Blutvergießen den absolut unerlaubten Eingriff in die Schöpfermacht und in den Schöpferwillen Gottes darstellt. Darum gebietet Gott dann auch bezüglich der Tieropfer: „Dieses Blut habe ich euch gegeben, damit ihr auf dem Altar für euer Leben die Sühne vollzieht; denn das Blut ist es, das für ein Leben sühnt. Deshalb habe ich zu den Israeliten gesagt: Niemand unter euch darf Blut genießen, auch der Fremde, der in eurer Mitte lebt, darf kein Blut genießen" (Lev 17,11f.). Dies ist zunächst eine klare Absage an Menschenopfer. Der Mensch, der nach biblischem Verständnis als Ebenbild Gottes die Krone der Schöpfung ist, darf nicht Gegenstand des kultischen Opfers sein. Mit der Erlaubnis Gottes nehmen die Israeliten dann ersatzweise das Blut von Tieren. Aber dieses darf nicht genossen werden, weil auch das Blut von Tieren als heilig gilt. Darum heißt es dann in Dtn 12,16 ganz unmissverständlich: „Das Blut aber sollt ihr nicht genießen, sondern wie Wasser auf die Erde schütten." Hierdurch wird das Blut gleichsam in die Sphäre des Schöpfers zurückgegeben. Die Begründung für dieses strikte Verbot ist wieder dieselbe wie im Buch Levitikus: „Denn Blut ist

Lebenskraft und du sollst nicht zusammen mit dem Fleisch die Lebenskraft verzehren" (Dtn 12,23).

Die Bedeutung des Blutes als Lebensträger kommt auch in der alttestamentlichen Geschichte des Brudermordes (vgl. Gen 4,1–16) zum Ausdruck. Für den alttestamentlichen Menschen ist das Leben des Menschen eines der schützenswertesten Güter. Da Gott selbst durch die Schöpfung dem Menschen das Leben ermöglicht hat, kann letztlich auch nur er über Leben und Tod bestimmen. Darum ist das Auslöschen eines Menschenlebens, das Blutvergießen eines Unschuldigen, eine im wahrsten Sinne des Wortes „himmelschreiende Sünde". Darum sagt Gott auch zu Kain, der seinen Bruder Abel niedergeschlagen hat: „Was hast du getan? Das Blut deines Bruders schreit zu mir vom Ackerboden" (Gen 4,10). Weil Gott der Herr des Lebens ist, ist jeder Angriff auf das Leben ein Eingriff in den Herrschaftsbereich Gottes, der nicht ungesühnt bleiben kann, damit nicht die ganze sittliche Ordnung zusammenbricht. Ganz auf dieser Linie liegt dann auch das für uns heute schwer verständliche Wort Gottes an Noach nach der großen Sintflut über die neue Ordnung in der Welt: „Wer Menschenblut vergießt, dessen Blut wird durch Menschen vergossen. Denn: Als Abbild Gottes hat er den Menschen gemacht" (Gen 9,6). Hintergrund dieses Gesetzes „Leben um Leben" ist letztlich die Botschaft, wie wertvoll dieses Gut ist. Dieses Gut kann nur mit einem gleichwertigen Gut aufgewogen werden. Auch wenn uns dieses Gesetz heute anstößig erscheinen mag, war es doch in der damaligen Welt sich bekriegender Stämme der wirksamste Weg, um Leib und Leben zu schützen. Denn so wusste damals jeder, dass er, wenn er einen Menschen tötete, selbst mit einem gewaltsamen Tod zu rechnen hatte. Durch diese Abschreckung sollte bereits im Vorfeld der Schleife der immer wiederkehrenden Gewalt ein Ende gesetzt werden. Letztlich zeigt Gott im Sühnetod seines Sohnes, dass alle Wiedergutmachung nur durch IHN, durch das unschuldigste aller Opferlämmer, vollbracht wer-

den kann. Wir werden noch sehen, wie gerade in der Theologie des Hebräerbriefes die Abelgeschichte und die sühnende Kraft des Blutes Jesu
Christi miteinander in Beziehung gesetzt werden. Sein Blut ruft noch
mächtiger zum Himmel als das des Abel (vgl. Hebr 12,24).

Das Blut als Bundes- und Sühnemittel

Kehren wir nochmals zur Szene des Bundesschlusses am Sinai (vgl. Ex
24,3–8) zurück. Wir können beim Hören dieser biblischen Episode
überhaupt nicht verstehen, wieso Mose zum Zeichen des Bundesschlusses die Israeliten mit dem Blut von Stieren besprengte. Wieso gibt es hier
diesen Zusammenhang von Blut und Bund, an den der Herr offensichtlich beim Sprechen der Einsetzungsworte in den Evangelien anknüpft,
wenn er dort vom „Blut des Bundes" (Mk 26,28) spricht? Israel ist von
Gott als Bundespartner erwählt worden. Dieser Bund bedurfte eines ausdrucksstarken Zeichens der Bekräftigung. Hierbei müssen wir uns klarmachen, dass bei den Israeliten das Sippen- und Stammesbewusstsein
stark ausgeprägt war. Alle, die sich durch die Blutsbande – hier klingt
auch wieder der Begriff des Bundes an – verbunden wussten, verstanden
sich als Brüder. Das gemeinsame Blut galt für den biblischen Menschen
als das stärkste Band, das Menschen verbinden kann. Vor diesem Hintergrund sind die damals vorherrschenden Blutzeremonien[7] zu verstehen,
die zwei nicht blutsverwandte Menschen aufs Engste verbinden wollten.
So wurde ein Tier geopfert, dessen Blut auf die beiden Bundespartner
gesprengt wurde, durch die Teilhabe am gleichen Blut wurden sie zeichenhaft zu Blutsverwandten. Durch diesen Ritus wurde die intimste
Verbindung geschaffen, die es für den alttestamentlichen Menschen gab.
Nun wird verständlich, wieso der Bundesschluss Jahwes mit seinem Volk
sich wie folgt vollzog: Mose baute einen Altar und grenzte mit zwölf
Steinen um den Altar einen heiligen Bezirk ab. Dann sandte er junge

---

[7] Vgl. hierzu v. a. *Haag*, S. 37.

Männer aus, Brandopfer darzubringen und junge Stiere zum Mahl zu schlachten. Vom Blut der Opfertiere sprengte Mose die eine Hälfte auf den Altar und die andere Hälfte auf das Volk. Hierbei sprach er dann folgende Worte, die vom Herrn bei der Stiftung des Altarsakraments dann überboten werden: „Das ist das Blut des Bundes, den der Herr aufgrund all dieser Worte mit euch geschlossen hat" (Ex 24,8). Gott knüpfte beim Bundesschluss an die Gebräuche der Israeliten an, indem er die Bundeszeremonien der damaligen Zeit aufgriff: das Blut als Zeichen des Bundes. Das Blut konnte aber nicht auf Gott gesprengt werden. Daher baute Mose einen Altar mit abgesondertem Bezirk, der sinnbildlich für die Gegenwart Gottes stand. Beide Bundespartner wurden nun mit dem Blut besprengt. Dadurch entstand zeichenhaft die innigste Verbindung zwischen Gott und seinem auserwählten Volk. Dieses Zeichen verstand damals jeder anwesende Bundesgenosse aus dem Volk Israel. Interessant ist an dieser Geschichte auch, dass bereits das Bundesmahl eine Rolle spielte. Beim Abendmahl, dem Bundesmahl des Neuen Bundes, knüpft Jesus offensichtlich auch an diese Tradition an. Führen wir uns nochmals vor Augen, dass das Blut für das Leben steht, wird nunmehr Folgendes deutlich: Durch den Bundesschluss mit Blut geht es letztlich um die Teilhabe am gleichen Leben. Das Blut stiftet eine Bundesgemeinschaft zwischen den beiden Bundespartnern.

Neben der sinnbildlichen Darstellung des Bundesschlusses wird in dieser Erzählung auch die reinigende und heiligende Wirkung für das Volk indirekt zum Ausdruck gebracht. So heißt es zuvor in Ex 19,6 über das Bundesvolk Israel, welches im Eigentum Gottes steht, wie folgt: „Ihr aber sollt mir als ein Reich von Priestern und als ein heiliges Volk gehören." Das Besprengen des Volkes mit Blut, dem Sühnemittel schlechthin, dient auch der Heiligung des Volkes durch die Sündenvergebung. Auch hieran knüpft Christus beim Kelchwort in der Version des Matthäusevangeliums an: „Mein Blut, das Blut des Bundes, das für viele vergossen wird zur Vergebung der Sünden" (Mt 26,28). Darauf beziehen sich auch verschiedene neutestamentliche Reflexionen über die sühnende und heiligende Wirkung des Blutes Christi.

Das Blut als Heils- und Rettungszeichen

Schließlich hat das Blut im Alten Bund auch die Bedeutung eines Heils- und Rettungszeichens. So erging beim ersten Paschafest vor dem Auszug aus Ägypten die Warnung an die Israeliten, das Blut des einjährigen Lammes an die Türpfosten als Schutz vor dem Würgeengel zu streichen. So gebietet Mose seinem Volk: „Dann nehmt einen Ysopzweig, taucht ihn in die Schüssel mit Blut und streicht etwas von dem Blut in der Schüssel auf den Türsturz und auf die beiden Türpfosten! Bis zum Morgen darf niemand von euch das Haus verlassen. Der Herr geht umher, um die Ägypter mit Unheil zu schlagen. Wenn er das Blut am Türsturz und an den beiden Türpfosten sieht, wird er an der Tür vorübergehen und dem Vernichter nicht erlauben, in eure Häuser einzudringen und euch zu schlagen" (Ex 12,22f.)[8]. Auch diese Episode ist ein Vorausbild für das am Kreuz geschlachtete Lamm Gottes, welches mit seinem am Kreuzesstamm vergossenen Blut der Welt Heil und Rettung bringt. Ganz in dieser Tradition steht auch das Johannesevangelium, in welchem Johannes

---

[8] Es sei an dieser Stelle darauf hingewiesen, dass der Ysopzweig an verschiedenen Stellen in der Bibel wieder auftaucht. So z. B. in dem bekannten Bußpsalm *Miserere*: „Entsündige mich mit Ysop, dann werde ich rein; wasche mich, dann werde ich weißer als Schnee" (Ps 51,9). Bei Johannes wird der Ysopzweig im letzten Lebensmoment Jesu erwähnt. Nachdem der Herr ausrief „Mich dürstet", steckten die Soldaten einen mit Essig getränkten Schwamm auf einen Ysopzweig und hielten ihn an den Mund Jesu. Nachdem Jesus von dem Essig genommen hatte, sprach er „Es ist vollbracht!" und starb (vgl. Joh 19,28–30). Hier hat der Ysopzweig wieder die entsündigende Wirkung wie im Psalm *Miserere*. Indem Jesus von diesem Essig trinkt, nimmt er unseren Schmutz in sich auf, um uns davon zu befreien. Der Essig war für die Soldaten bei den Kreuzigungen u. a. eine Desinfektionsflüssigkeit, die zur Waschung genutzt wurde. Bei der Schilderung der Passion nach Johannes hat so ein Detail eine tiefe theologische Bedeutung.

der Täufer über Jesus Christus bekennt: „Seht, das Lamm Gottes, das die Sünde der Welt hinwegnimmt" (Joh 1,29). Wenn schon das Blut der Lämmer die Israeliten vor dem Unheil geschützt hat, um wieviel mehr schützt uns das Blut Jesu Christi, der das wahre Lamm Gottes ist, vor allem Verderben.

Zusammenfassung

Fassen wir diesen kurzen Blick in das Alte Testament nun zusammen: Das Blut steht im Alten Bund für das Leben schlechthin. Daher ist das Vergießen des Blutes von Menschen unter Todesandrohung strengstens verboten. Die Heiligkeit des Blutes rührt daher, dass es von Gott dem Schöpfer, dem allein ganz Heiligen, als Lebenssaft allen Lebewesen geschenkt worden ist. Nur ihm kommt hierüber die uneingeschränkte Verfügungsmacht zu. Wegen dieser schöpfungstheologischen Dimension kommt dem Blut eine Bedeutung als Bundes-, Sühne-, Heiligungs- und Rettungszeichen zu. Dieser ganze Bedeutungsreichtum findet sich in den Zeugnissen des Neuen Testament bei der Reflexion über das kostbare Blut Jesu Christi wieder.

Das Blut im Neuen Bund

Das Neue Testament steht ganz in der Tradition des jüdischen Verständnisses des Blutes.[9] Der griechische Begriff αἷμα (= *haima*) für Blut kommt im Neuen Testament in drei verschiedenen Zusammenhängen vor. Zunächst wird auch hier das Blut wie im Alten Testament klar als Lebensträger aufgefasst. Dementsprechend finden wir diese Bedeutung in den Texten, in denen von der gewaltsamen Vernichtung von Leben die Rede ist: der gewaltsame Tod Jesu (Mt 27,24f.; Apg 5,28), der Propheten, Gerechten und Blutzeugen (Mt 23,30.35 par.; Apg 22,20 und Offb 17,6). Gott ist der alleinige Herr über Leben und Tod. Nur ihm kommt daher die Verfügungsmacht über das Blut zu. Darum wird das schuldlos vergossene Menschenblut von ihm gerächt (Mt 23,35f. par.; Offb 6,10; 16,6 und 19,2). Selbst der Genuss des Tierblutes wird auf dem Apostelkonzil aus diesem Grund weiterhin verboten (vgl. Apg 15,20).

Des Weiteren findet sich dieser Begriff als ein Teil der Wendung „Fleisch und Blut" als Umschreibung für den Menschen. Hierbei geht es primär darum, die Endlichkeit und Beschränktheit des Menschen zum Ausdruck zu bringen. Ein prominentes Beispiel ist das Herrenwort gegenüber Petrus, wonach eben nicht „Fleisch und Blut" ihm die wahre Christuserkenntnis ermöglicht haben, sondern der Vater im Himmel (vgl. Mt 16,17).[10]

Der wichtigste Gedankenkreis, der sich mit dem Blut beschäftigt, ist ganz eindeutig die Reflexion über das kostbare Blut Jesu Christi. Hierbei

---

[9] Zur Bedeutung des Blutes im Neuen Testament vgl. *C. Frevel*, Art. „Blut II. NT", in: HGANT, S. 125 und *A. Vögtle*, Art. „Blut III. Neues Testament", in: LThK, Bd. 2, Sp. 539–541; *J. Behm*, Art. „αἷμα", in: ThWNT, Bd. 1, S. 171–175 und *O. Böcher*, Art. „αἷμα", in: EWNT, Bd. 1, Sp. 88–93.

[10] An folgenden Stellen findet sich ebenfalls diese Wendung: 1 Kor 15,50 und Eph 6,12.

geht es um die soteriologische Bedeutung des Blutes: Durch das Blut Jesu Christi sind wir erlöst. Das ist der immer wiederkehrende Refrain neutestamentlicher Bluttheologie.

Das Blut in der Verkündigung Jesu Christi:
Die Einsetzung des Altarsakraments

In der Verkündigung Jesu spielt das Blut bei der Einsetzung des Altarsakraments eine große Rolle.[11] Jesus schenkt sich uns in der Gabe seines Leibes und Blutes unter den Gestalten von Brot und Wein, in der Eucharistie. In Anlehnung an den ersten Bundesschluss am Sinai (vgl. Ex 24) kommt es nun endlich zur Stiftung eines Neuen Bundes, der bereits im Alten Bund von Jeremia vorausgesagt worden ist: „Seht es werden Tage kommen – Spruch des Herrn –, in denen ich mit dem Haus Israel und dem Haus Juda eine neuen Bund schließen werde" (Jer 31,31). Dieser Bund geht über Israel hinaus. Der Herr vergoss sein Blut für alle Menschen. Die Perspektive des Heils wird geweitet, universal, ja katholisch. In diesem Moment wird auch die Kirche geboren, das Volk Gottes, welches sich der Herr „aus allen Nationen und Stämmen, Völkern und Sprachen" (Offb 7,9) erwählt hat. In der Abendmahlsüberlieferung des Evangelisten Lukas und des Apostels Paulus wird beim Kelchwort ein besonderer Akzent auf die Stiftung des Neuen Bundes gelegt. Das mag nicht verwundern. Sie haben mit ihren neutestamentlichen Schriften

---

[11] Vgl. hierzu v. a. den „Exkurs: Die Abendmahlsüberlieferung", inkl. synoptischen Vergleich, bei *R. Pesch*, HThKNT, Bd. 4, S. 364–377; die Studie von *J. Zemanek*, Die Deuteworte des Abendmahls im Kontext des Alten Testaments, Heiligenkreuz 2013 und *J. Ratzinger (Benedikt XVI.)*, Jesus von Nazareth, Zweiter Teil: Vom Einzug in Jerusalem bis zur Auferstehung, Freiburg 2010, S. 146–158 zur Theologie der Einsetzungsworte. Des Weiteren wird auf folgende Kommentierungen der Einsetzungsberichte in den Evangelien verwiesen: Zu Mt 26,26–30 vgl. *J. Schmid*, RNT, Bd. 1, S. 360f. und *J. Gnilka*, HThKNT, Bd. 2, S. 399–404; zu Mk 14,22–55: *J. Schmid*, RNT, Bd. 2, S. 258–273 und *R. Pesch*, HThKNT, Bd. 4, S. 354–364; zu Lk 22,14–20 vgl. *J. Schmid*, RNT, Bd. 3, S. 321–325.

ganz besonders die Heidenmission im Blick. So heißt es beim Kelchwort in Lk 22,20: „Ebenso nahm Jesus nach dem Mahl den Kelch und sagte: Dieser Kelch ist der Neue Bund in meinem Blut, das für euch vergossen wird." Bei Paulus heißt es in 1 Kor 11,25–26 wie folgt: „Ebenso nahm Jesus nach dem Mahl den Kelch und sprach: Dieser Kelch ist der Neue Bund in meinem Blut. Tut dies, sooft ihr daraus trinkt, zu meinem Gedächtnis! Denn sooft ihr von diesem Brot esst und aus dem Kelch trinkt, verkündet ihr den Tod des Herrn, bis er wiederkommt." Gerade der Völkerapostel wusste sich berufen, allen Völkern von Jesus dem Christus als den Gekreuzigten zu künden.

Auch der Neue Bund bedurfte eines wirkmächtigen Zeichens, welches den Bundesschluss kenntlich machte. Hier knüpfte der Herr selbst an den Bundesschluss am Sinai an. Nur ist es diesmal nicht das Blut von Stieren, sondern sein eigenes Blut, welches den Bund besiegelt.

Der Evangelist Matthäus rückt mit seiner Version des Kelchwortes eher die jüdische Opferkulttradition in den Vordergrund. Das Blut Christi ist Opfergabe, es hat sühnende Kraft: „Dann nahm er (= Jesus) den Kelch, sprach das Dankgebet und reichte ihn den Jüngern mit den Worten: Trinkt alle daraus; das ist mein Blut, das Blut des Bundes, das für viele vergossen wird zur Vergebung der Sünden" (Mt 26,27–28). Der Herr stiftet am Vorabend seines Leidens am Kreuz ein bleibendes Zeichen seiner Gegenwart. Bei der Einsetzung der Eucharistie nimmt er das Geschehen des Karfreitags vorweg und verwandelt die Gaben von Brot und Wein in seinen heiligen Leib und sein heiliges Blut, welche er als Opfergaben auf dem Altar von Golgota ein für alle Mal darbringen wird. Der Sinaibund wird hier in mehrfacher Weise überboten: Es ist kein Stierblut als Ersatzmittel zum Bundesschluss mehr erforderlich. Nein, der Herr selbst gibt sich mit seinem Blut als Bundesblut opfernd hin. Und dieses Blut ist nicht mehr nur für Israel, sondern es wird „für viele" vergossen. Alle Völker können fortan an diesem sündenvergebenden Opfer Anteil haben.[12] Auch der Evangelist Markus betont in seiner Überlieferung des Kelchwortes ganz besonders den Aspekt der Lebenshingabe des Herrn: „Das ist mein Blut, das Blut des Bundes, das für viele vergossen wird" (Mk 14,24).

Beim Evangelisten Johannes findet sich das Kelchwort nicht. In der von ihm überlieferten großen Brotrede Jesu reflektiert er die Botschaft von der

---

[12] Auf die Universalität des Heilswillens Jesu, der hier zum Ausdruck kommt, hat zutreffend der Exeget *J. Gnilka*, HThKNT, Bd. 2, S. 401 so hingewiesen: „Die Überbietung, die durch diesen Bund geschieht, ist mit seiner Universalität gegeben. Denn ‚die Vielen' sind inklusiv zu deuten und gleichbedeutend mit allen, der Universalität der Völker." Vor diesem Hintergrund erscheint die seit Jahren geführte Debatte um die korrekte Übersetzung der Einsetzungsworte im Deutschen Messbuch m. E. als unnötiger Kampfplatz theologischer Auseinandersetzungen. Am universalen Heilswillen des Herrn besteht kein Zweifel. Allerdings müssen die Menschen diesen auch mit ihrem freien Willen annehmen.
Hinsichtlich des *Heilsangebotes Gottes* sind hier also klar „alle" gemeint. Allerdings werden nicht alle Menschen dieses Angebot annehmen wollen. Nicht wenige setzen der grenzenlosen Liebe Gottes durch ihren Hang zur Sünde selbst die Grenze. So ist das kostbare Blut des Herrn – darauf wies *Erzbischof W. Haas* in seinem als Nachwort hier abgedruckten Hirtenwort zutreffend hin – eben „für viele" vergossen und somit nicht „für alle" erlösend. – Es ist aber ein „liturgisches Chaos" zu erwarten, wenn nun, nach gut vier Jahrzehnten, das in Aussicht gestellte revidierte Deutsche Messbuch die Übersetzung „für viele" vorschreiben würde. Je nach Standpunkt gäbe es dann nach wie vor die Zelebranten, die „für alle" sprechen würden. Die Verwirrung aufseiten der Gläubigen wäre perfekt. Die Bischöfe würden einem solchen liturgischen Missbrauch im Ansatz nicht Herr werden können. Die Gefahr der Spaltung liegt auf der Hand! Allerdings ist dieser Zustand schon jetzt dadurch gegeben, da die seit einigen Jahren revidierte Fassung des Gotteslobs in seinem Abdruck des II. Hochgebets die Wendung „für viele" vorsieht. Die Gläubigen hören aber nach wie vor die gewohnte Fassung „für alle". – Eine Überlegung hilft m. E. für beide Seiten weiter: Jedem sollte bei der Durchdringung dieses Themas doch klar sein, worum es hier letztlich geht: *Gottes Heilswille ist allumfassend, die Annahme dieses Angebots durch den Menschen dagegen wohl nicht.* Das ist die Spannung, die diesem Wort Jesu nun mal innewohnt. Insofern bringen beide Übersetzungsmöglichkeiten etwas Wahres zum Ausdruck. Hier wird deutlich, dass man mit dem Mittel der menschlichen Sprache die Dinge eben nicht immer auf den Punkt bringen kann, ohne einer Einseitigkeit zu unterliegen.

Eucharistie als Lebensmittel zum ewigen Leben (vgl. Joh 6).[13] Hier findet sich folgende Bezugnahme auf das Blut Christi: „Jesus sagte zu ihnen: Amen, amen, das sage ich euch: Wenn ihr das Fleisch des Menschensohnes nicht esst und sein Blut nicht trinkt, habt ihr das Leben nicht in euch. Wer mein Fleisch isst und mein Blut trinkt, hat das ewige Leben und ich werde ihn auferwecken am Letzten Tag. Denn mein Fleisch ist wirklich eine Speise und mein Blut ist wirklich ein Trank. Wer mein Fleisch isst und mein Blut trinkt, der bleibt in mir und ich bleibe in ihm" (Joh 6,53–56). Diese Worte waren für den damaligen jüdischen Zuhörer unerträglich. Angesichts der klaren Tabuisierung des Blutgenusses konnte der Herr hier doch nur auf verschlossene Ohren stoßen. So heißt es denn auch im Evangelium: „Viele seiner Jünger, die ihm zuhörten, sagten: Was er sagt, ist unerträglich. Wer kann das anhören?" (Joh 6,60). Der Herr selbst reagierte darauf mit einer tiefen und nicht so leicht verständlichen Bemerkung, die jedes kannibalistische Missverständnis ausräumt: „Der Geist ist es, der lebendig macht; das Fleisch nützt nichts. Die Worte, die ich zu euch gesprochen habe, sind Geist und sind Leben" (Joh 6,63). Die Eucharistie ist zutiefst eine geistliche Wirklichkeit. Sie ist *das* Geheimnis unseres Glaubens. Wir müssen uns hier vor jeder falschen grobfigürlichen Vorstellung lösen. Es geht eben nicht um einen perversen Blutgenuss und Blutrausch.[14] Es geht um einen geistlichen Vorgang, um eine *wirklich*

---

[13] Vgl. zur Brotrede die Kommentierung von *A. Wikenhauser*, RNT, Bd. 4, S. 122–132 und *R. Schnackenburg*, HThKNT, Bd. 8, S. 41–114.

[14] Schon der Kirchenvater *Ambrosius* betont in diesem Zusammenhang, dass wir „das Sinnbild des kostbaren Blutes" trinken, „damit kein Abscheu vor Blut *(horror cruoris)* aufkommt" (so in sacr., IV, 20; zit. nach *J.-H. Tück*, Gabe der Gegenwart. Theologie und Dichtung der Eucharistie bei Thomas von Aquin, 3. Aufl., Freiburg i. Brsg. 2014, S. 111, Fn. 97). Ganz auf dieser Linie liegt auch *Thomas von Aquin* mit der Lehre von der Transsubstantiation. Mit diesem Ansatz wird sowohl einer rein symbolischen als auch einer allzu materialistischen Deutung der Eucharistie entgegengetreten. Hören wir auf den *Doctor angelicus*: „Der Leib Christi ist nämlich unter den Akzidentien [= die äußerlich wahrnehmbaren Gestalten im Gegensatz zum Begriff der Substanz, welche das Wesen meint; nach *Thomas* wird nur" die Substanz der

zeichenhafte, das heißt sakramentale, Begegnung mit dem Herrn. Es geht um die reale Vereinigung mit Jesus Christus, um den Empfang des Herrn in diesen sakramentalen Gestalten und zugleich das Hinein-Verwandelt-Werden in den, den wir als Leib und Blut empfangen. So konnte bereits der hl. Augustinus seiner Gemeinde zurufen: „Seid, was ihr seht, und empfangt, was ihr seid: Leib Christi!"[15] Durch diesen Essensvorgang erhalten wir im wahrsten Sinne des Wortes das „Lebens-Mittel", dessen wir bedürfen, um das ewige Leben zu erlangen. In Jesu Entgegnung gegenüber den verstockten Zuhörern in Kafarnaum sehen wir bereits eine klare Absage an ein grobsinnliches, kafarnaitisches Eucharistieverständnis.[16] Der Herr schenkt sich uns wirklich und gegenwärtig auf geistige Weise. Sein Leib und sein Blut sind geistige Speise, die uns eins mit ihm werden lässt und uns so auf unserer Pilgerschaft zum ewigen Leben

---

Gestalten in den Leib und das Blut Christi verwandelt, die Akzidentien bleiben bestehen] von Brot verborgen, damit man vom Sakrament einen umso vorteilhafteren und würdigeren Gebrauch mache. Für diejenigen, welche es empfangen, wäre es nämlich fürchterlich *(enim horrori)* und abscheulich für die Zuschauenden, würde der Leib Christi von den Gläubigen in seiner eigenen Gestalt verzehrt. Daher werden der Leib und das Blut Christi zum Essen und Trinken unter den Gestalten *(sub specie)* des Brotes und des Weines dargeboten, deren sich die Menschen gemeinhin zur Speise und zum Trank bedienen" (so in *Summa contra gentiles*, Buch IV, Kap. 63, S. 406f., Darmstädter Ausgabe). Zu den verschiedenen Erklärungsmodellen der Eucharistie im Mittelalter vgl. *Tück*, S. 99–113.

[15] *Sermo* 272, zit. nach URL http://www.augustiner.de/de/augustiner/spiritualitaet/ augustinusweg/dank-sagen/index.html

[16] Auch der *hl. Thomas von Aquin* hebt in seiner Kommentierung zu dieser Stelle die geistliche Dimension des Eucharistieempfangs gegen alle kafarnaitischen Irrlehren deutlich hervor: „Wenn [Christus] anschließend sagt **Der Geist ist es, der belebt**, beseitigt er den Anlass des Anstoßes vonseiten der vorgebrachten Worte her [...] Aber der Herr sagte, dass er sich ihnen geben werde als geistliche Nahrung, nicht dass im Sakrament des Altares das wirkliche Fleisch Christus anwesend wäre, sondern weil auf eine gewisse geistliche und göttliche Weise gegessen wird. So also ist der passende Sinn der gesprochenen Worte nicht fleischlich, sondern geistlich." Zit. nach *Thomas von Aquins Kommentar zum Johannesevangelium*, Teil 1, hrsg. von *P. Weingartner, M. Ernst und W. Schöner*, Göttingen 2011, *Caput VI, Lectio VIII, Nr. IV*, S. 416f.

stärkt.[17] Interessant ist, dass der Herr als Materie des Sakramentes die irdischen Lebensmittel Brot und Wein wählt. Diese Zeichen symbolisieren auf je eigene Weise schon in sich den Vorgang des Opferns. So muss das Weizenkorn sterben, um Frucht zu bringen (vgl. Joh 12,24). Aus dieser Frucht entsteht das Brot. Ähnlich ist es mit der Weintraube; sie muss gepresst und gekeltert werden, damit der Wein entstehen kann. So weist der Herr schon mit der Wahl der Sakramentsmaterie auf ganz verständliche Weise auf seine Sendung hin: Er muss am Holz des Kreuzes gebrochen und gekeltert werden, damit die Menschen das Leben haben. Dieses große Geheimnis unserer Erlösung wird auf ganz besondere Weise in jeder Eucharistiefeier gegenwärtig und uns vor Augen gestellt. Der Widerstand gegen diese Worte Jesu ist aber bis heute, auch in Teilen unserer Kirche, immer noch zu vernehmen. Wie oft wird die Eucharistie zu einem bloßen Gemeinschaftsmahl zur Erinnerung an das Geschehen am Gründonnerstag abgewertet. Aus gutem Grund nennen wir Katholiken jedoch die Eucharistiefeier und das Sakrament nicht wie im protestantischen Bereich „Hl. Abendmahl"[18]. In der hl. Messopferfeier empfangen wir eine wahre Speise und einen wahren Trank! Die äußeren Gestalten bleiben, aber sie werden dem Wesen nach in den Leib und das Blut des Herrn verwandelt. Diese Glaubenswirklichkeit fordert unsere Annahme. Sonst können wir nicht in den fruchtbringenden Genuss dieser Speise kommen. Bitten wir den Herrn immer wieder darum, dass wir dieses große Geheimnis des Glaubens vertrauensvoll und mit Freude annehmen können.

---

[17] Zu Beginn des Abschnitts über die Eucharistie weist der *hl. Thomas von Aquin* in seiner *Summa contra gentiles*, Buch IV, Kap. 61, S. 393 der Darmstädter Ausgabe, so auf den Aspekt der geistlichen Nahrung hin: „Wie zum leiblichen Leben materielle Nahrung erforderlich ist, und zwar nicht nur zum Wachstum, sondern auch zur natürlichen Erhaltung des Körpers, damit er sich nicht aufgrund von kontinuierlicher Erschlaffung auflöst und seine Kraft verliert, so musste es auch im geistlichen Leben eine geistliche Nahrung geben, damit die Tugenden der Wiedergeborenen erhalten bleiben und wachsen."

[18] Nur die Liturgie am Abend des Gründonnerstags wird wegen des klaren historischen Bezugs zum Stiftungsakt der Eucharistie die „Feier vom letzten Abendmahl" genannt.

Das Blut Jesu Christi in den Passionsberichten

Die den Einsetzungsberichten folgenden Passionsberichte beschreiben die grausame Hinrichtung des Gottessohnes. Im Hintergrund stehen hierbei die Verse aus dem Gottesknechtslied des Propheten Jesaja[19]. Auffällig ist allerdings, dass der Begriff αἷμα als Bezeichnung für das Blut Jesu in diesem Zusammenhang nur an drei Stellen vorkommt. Dieser Textbefund ist meines Erachtens ein Zeichen des großen Respektes der biblischen Autoren vor dem kostbaren Blut des Erlösers. Es kommt ihnen nicht darauf an, ein „Blutprotokoll" zu liefern, bei der Schilderung geht es schließlich um die Verdeutlichung der Heilsgeschichte. Für jeden Leser ist klar, was sich an grausamem Leid und Blutvergießen hinter dem Befehl des Pilatus verbarg, „Jesus zu geißeln und zu kreuzigen" (Mt 27,26).

Die erste Erwähnung des Blutes Christi in den Passionsberichten findet sich in dieser Form nur bei Matthäus. Pilatus, von der Menge unter Druck gesetzt, wäscht seine Hände und merkt an: „Ich bin unschuldig am Blut dieses Menschen. Das ist eure Sache! Da rief das ganze Volk: Sein Blut komme über uns und unsere Kinder!" (Mt 27,24f.). Pilatus will keine Verantwortung am Tod dieses ganz unschuldigen Menschen haben. Er spürt intuitiv, wen er hier wirklich vor sich hat. Der Ruf des Volkes, der Trotz, dann möge sein Blut doch über sie kommen, bringt den Hohn der Menge zum Ausdruck. Denn in diesem Ruf erinnern sie sich offenbar an das Wort des Propheten Jeremia, der in seinem Verhör den Urteilenden zurief: „Aber das sollt ihr wissen: Wenn ihr mich tötet, bringt ihr unschuldiges Blut über euch, über diese Stadt und ihre Einwohner" (Jer 26,15).[20] Vor diesem Hintergrund hört sich dieses Wort

---

[19] Vgl. dort das Kapitel 53.

[20] Lukas greift dieses Motiv in Apg 5,28 in der Erzählung vom Verhör der Apostel durch den Hohepriester auch auf. Dort sagt der Hohepriester zu diesen: „Wir haben euch streng verboten, in diesem Namen zu lehren; ihr aber habt Jerusalem mit eurer Lehre erfüllt; ihr wollt das Blut dieses Menschen über uns bringen."

dann so an: „Na wenn schon! Unschuldig oder nicht, das interessiert uns nicht! Wir wollen seinen Tod!" In Wirklichkeit verbirgt sich hinter diesem Hohnruf aber eine tiefe Wahrheit. Wir können doch nur dankbar sein, dass dieses unschuldige Blut vergossen wurde, weil durch Jesu Blutvergießen, durch sein Sterben das Heil gekommen ist, die Befreiung von Sünde, Tod und Teufel (vgl. 1 Joh 3,8). Für uns, die wir an die Erlösungstat glauben, ist dieser Ruf der Menge kein Fluch-, sondern ein Heilswort. Es gab keinen anderen Weg: Der Menschensohn musste diesen Leidensweg gehen (vgl. Mt 16,21; Mk 8,31 und Lk 9,22). Die Unabdingbarkeit des Kreuzestodes Jesu kommt hier unmissverständlich zum Ausdruck. Um unseres Heils willen musste das Blut dieses Unschuldigen fließen. Hier klingt auch das Motiv des Sühneopfers an.

Die zweite Erwähnung des Blutes Christi im Passionszusammenhang findet sich nur bei Lukas. Bei der Schilderung der Ölbergangst vor der Gefangennahme berichtet der Evangelist „Und er betete in seiner Angst noch inständiger und sein Schweiß war wie Blut, das auf die Erde tropfte" (Lk 22,44). Textkritische Untersuchungen haben ergeben, dass dieser Vers in einigen Handschriften des Lukasevangeliums fehlt. Offenbar erklärt sich dieses Auslassen späterer Abschreiber aus der Sorge, eine als allzu menschlich angesehene Erniedrigung Jesu zu vermeiden. Genau diese Anstößigkeit spricht aber für die Ursprünglichkeit dieser Textvariante. Lukas zeichnet uns hier bereits im Vorfeld der grausamen Hinrichtung ganz ungeschönt, wie sehr der Heiland leiden musste; bereits seine Todesangst führte zum Blutvergießen. Wir können dem Evangelisten Lukas für diese ganz realistische Schilderung der Erniedrigung Jesu sehr dankbar sein. Wie viele Menschen schöpfen in ihren Ängsten Kraft aus dieser Erzählung? Letztlich verdanken wir dem Evangelisten hier das Motiv des ersten Gesätzes des schmerzhaften Rosenkranzes: „Jesus, der für uns Blut geschwitzt hat". So sehr ist er einer von uns geworden, dass er alles – bis auf die Sünde – mit uns teilte, auch die Todesangst. Jesus ist einer von uns. Durch seine Menschwerdung versteht er uns auch in unseren Ängsten und Nöten. Hier ist er der große Mitleidende.

Abbildung 1:
Der Lanzenstich (Heilig-Blut-Tafel der
Abtei Weingarten)

Die letzte Stelle in den Passionsberichten, die ausdrücklich das Blut des Herrn erwähnt, findet sich bei Johannes. Nach dem Todeseintritt am Kreuz berichtet er wie folgt: „Als sie aber zu Jesus kamen und sahen, dass er schon tot war, zerschlugen sie ihm die Beine nicht, sondern einer der Soldaten stieß mit der Lanze in seine Seite und sogleich floss Blut und Wasser heraus" (Joh 19,33f.). In der Auslegungstradition[21] spielt diese Stelle eine große Rolle für die Sakramentstheologie und vor allem auch für die Herz-Jesu-Frömmigkeit. Das Herz Jesu als Born der Sakramente: Blut und Wasser stehen für die Eucharistie und die Taufe. Ja, letztlich wird hierin zu Recht die Geburtsstunde der Kirche gesehen. Aus dem geöffneten Herzen des Erlösers entspringt die Kirche.

Halten wir nun kurz inne: In den Evangelien spielt das Blut Jesu eine große Rolle bei der Einsetzung des Abendmahls: Der Herr selbst deutet vor dem Beginn des Kreuzweges seinen Tod als Stiftungsakt des Neuen

---

[21] Vgl. hierzu insbes. *Ratzinger*, Jesus von Nazareth II, S. 249f.

Bundes, der die Vergebung der Sünden bewirkt, und schenkt der Kirche ein bleibendes Zeichen seiner Gegenwart. Das Geschehen am Kreuz ist das Sühneopfer, welches allein imstande ist, das Heil zu erwirken. Wirkmächtiges Zeichen dieses Bundes ist sein kostbares Blut, welches für viele vergossen wird. Hier knüpft der Herr klar an das Geschehen beim Sinaibund an, welches aber durch den Kreuzestod Jesu überboten und vollendet wird. Ansonsten wird das Blut Jesu selten ausdrücklich erwähnt. Diese Erwähnungen bergen aber einen großen theologischen Reichtum über das Geheimnis der Erniedrigung des Gottmenschen und der aus der Erlösung resultierenden Frucht des Kreuzestodes in sich.

Das Blut Jesu Christi in den Apostelbriefen und in der Offenbarung

Wenden wir uns nun der Reflexion über das kostbare Blut Jesu Christi zu, die wir in der theologischen Entfaltung der Apostelbriefe finden. Das Blut Christi steht in den neutestamentlichen Briefen vor allem für den Sühneopfercharakter des Todes Jesu, für „dessen sühnende, entsündigende, heiligende, Frieden mit Gott stiftende und gemeinschaftsgründende Wirkung"[22]. Hintergrund dieser Interpretation ist die klare Bejahung des alttestamentlichen Grundsatzes, dass es ohne Blutvergießen keine Sündenvergebung gibt (vgl. Lev 17,11). So heißt es bei Paulus in Röm 3,25: Jesus Christus „hat Gott dazu bestimmt, Sühne zu leisten mit seinem Blut, Sühne, wirksam durch Glauben". In anderen Übersetzungen wird es wörtlicher so übersetzt: Gott hat Jesus Christus „als Sühnemal aufgestellt". Hier wird offensichtlich auf die Deckplatte der Bundeslade, die am großen Versöhnungstag mit Blut besprengt wurde (vgl. Ex 25,17 und Lev 16,15), angespielt. Diese Zeremonie war nur vorläufig und ein Zeichen für das „Sühnemal" Jesus Christus, welcher durch sein Selbstopfer am Kreuz ein für alle Mal die Reinigung von der Sünde bewirkt hat. Ganz auf dieser Linie liegt auch der Epheserbrief: Durch Christi „Blut

---

[22] *Vögtle*, LThK, Bd. 2, Sp. 540.

haben wir die Erlösung, die Vergebung der Sünden nach dem Reichtum seiner Gnade" (Eph 1,7).

Paulus argumentiert in diesem Zusammenhang auch mit den Begriffen von Nähe und Ferne. Durch die Sünde haben die Menschen von Gott Abstand genommen. Die so gewählte Entfernung schien inzwischen für den Menschen als unüberbrückbar. Erst durch das Blut Christi konnte dieser Abstand wieder überwunden werden: „Jetzt aber seid ihr, die ihr einst in der Ferne wart, durch Christus Jesus, nämlich durch sein Blut, in die Nähe gekommen" (Eph 2,13). Durch sein Blutvergießen wurde Christus zum wahren *Pontifex*, zum Priester und Brückenbauer zwischen Gott und den Menschen. Die vielen Opfer des Alten Bundes konnten diese Versöhnung letztlich eben nicht bewirken. Diese Stelle aus dem Epheserbrief steht in dem Kontext, in dem Paulus das Verhältnis zwischen Heiden und Juden neu bestimmt. „Beide Teile" standen sich bis zum Opfer Christi am Kreuz unversöhnlich gegenüber. Dieser Graben wurde durch das Blutvergießen des Heilands für immer überwunden. So betont er nun, dass Christus unser aller Friede ist: „Er vereinigte beide Teile (Juden und Heiden) und riss durch sein Sterben die trennende Wand der Feindschaft nieder. Er hob das Gesetz samt seinen Geboten und Forderungen auf, um die zwei in seiner Person zu dem einen neuen Menschen zu machen. Er stiftete Frieden und versöhnte die beiden durch das Kreuz mit Gott in einem einzigen Leib. Er hat in seiner Person die Feindschaft getötet" (Eph 2,14–16). Hier kommt dem kostbaren Blut Christi eine klare ekklesiologische Bedeutung zu: Durch Christi Blut wurde der Neue Bund gestiftet, dessen erste Frucht der mystische Leib Jesu Christi, die Kirche, ist. Mit der Kirche wird der Graben zwischen dem Volk des Alten Bundes und den Heiden, die bisher außen vor waren, überwunden. So entsteht durch das Blutvergießen Jesu das Volk des Neuen Bundes.

Zudem vermittelt der Völkerapostel mit dem Motiv des Friedensschlusses diese Versöhnungstat: „Denn Gott wollte mit seiner ganzen Fülle in ihm [= Christus] wohnen, um durch ihn alles zu versöhnen. Alles im Himmel und auf Erden wollte er zu Christus führen, der Friede gestiftet hat am Kreuz durch sein Blut" (Kol 1,19–20). Hier wird klar und unmissverständlich die kosmologische Dimension des Kreuzesopfers herausgestellt. Das Kreuz ist die heilsbringende Mitte für die ganze Welt. Durch das Kreuz, durch Jesu Blutvergießen, geschieht die neue Ausrichtung des Kosmos: Alles zielt nun auf Christus hin.

Auch der erste Papst, der hl. Petrus, betont zu Beginn seines ersten Briefes die heiligende Wirkung des Blutes Jesu Christi: „Petrus [...] an die Auserwählten, [...] von Gott, dem Vater, von jeher ausersehen und durch den Geist geheiligt, um Jesus Christus gehorsam zu sein und mit seinem Blut besprengt zu werden" (1 Petr 1,2). Dieser Vers spielt wieder auf die Szene des Bundeschlusses am Sinai an (vgl. Ex 24,6–8): Dort verspricht das Volk zunächst, den Geboten Gottes zu gehorchen (Ex 24,7), und Mose besprengt nach diesem Gelöbnis das Volk mit dem Blut der Opfertiere, um den Bund zu besiegeln (Ex 24,8). Der wahre Gehorsam gegenüber Gott kann aber nur dann geleistet werden, wenn wir uns mit dem Blut Christi besprengen lassen. Nur durch sein Blut kommen wir in die Lage, dem Willen Gottes zu entsprechen.

Die Sünde hat den Menschen versklavt. Vor diesem Hintergrund entfaltet Petrus dann das Bild vom Loskauf mit dem kostbaren Blut Christi: „Ihr wisst, dass ihr aus eurer sinnlosen, von den Vätern ererbten Lebensweise nicht um einen vergänglichen Preis losgekauft wurdet, nicht um Silber oder Gold, sondern mit dem kostbaren Blut Christi, des Lammes ohne Fehl und Makel" (1 Petr 1,18–19). Die Adressaten des Briefes verstanden sofort, auf welches Rechtsgeschäft der Apostel hier anspielt. Um einen Menschen aus der Sklaverei zu befreien und ihm das Bürgerrecht zu verschaffen, bedurfte es des Loskaufes aus der Sklaverei. Erst wenn eine gehörige Summe Geld floss, war es möglich, den Weg in die Freiheit zu gehen. Genau an diesen Umstand knüpft Petrus hier an. Nur durch das kostbare Blut Jesu Christi konnten wir die Würde eines von der Sünde befreiten Menschen finden. Nur durch dieses Blut können wir Heil erlangen. Daher ist das kostbare Blut der Kaufpreis unseres Heils.

Die tiefste Reflexion über das kostbare Blut Jesu Christi bietet der Hebräerbrief. Die dort zu findenden Stellen über das Blut Christi sind eingebettet in die große heilsgeschichtliche Typologie von Altem und Neuen Bund. Der Autor hat vor allem das Ziel, der jungen, verfolgten Christengemeinde klar und deutlich vor Augen zu führen, dass sie an den Früchten der Erlösung teilhaben, die ihnen Jesus Christus durch sein Mitleiden (vgl. Hebr 4,15) zugewandt hat. Hierbei wählt er das Mittel des Vergleiches und zeigt ganz eindrücklich, dass der Alte Bund durch den von Christus gestifteten Neuen Bund auf ganz einzigartige Weise überboten und vollendet worden ist. Erst durch IHN ist die Heilsgeschichte zur Vollendung gelangt: Jesus Christus ist Priester und Opfer zugleich. Er ist der Hohepriester nach der Ordnung Melchisedeks. Erst durch sein Opfer wird die Erlösung bewirkt (vgl. Hebr 4,14 – 5,10 und Hebr 7). Er ist der Mittler des Neuen Bundes (vgl. Hebr 8,1–13). Erst durch IHN haben wir den Zugang zu Gott. Alles, was vorher war, hat keine Wirkung gezeigt, war letztlich nur ein unvollkommenes Vorausbild. Jetzt endlich, in dieser Endzeit, wurde ein für alle Mal ein wirksames Opfer dargebracht, welches wirklich in der Lage war, die Versöhnung zwischen Gott und den Menschen zu bewirken (vgl. Hebr 9). So kann dann der Hebräerbriefautor bezüglich des Blutes Christi resümieren: Christus ist „ein für alle Mal in das Heiligtum hineingegangen, nicht mit dem Blut von Böcken und jungen Stieren, sondern mit seinem eigenen Blut und so hat er eine ewige Erlösung bewirkt. Denn wenn schon das Blut von Böcken und Stieren und die Asche einer Kuh die Unreinen, die damit besprengt werden, so heiligt, dass sie leiblich rein werden, wie viel mehr wird das Blut Christi, der sich selbst kraft ewigen Geistes Gott als makelloses Opfer dargebracht hat, unser Gewissen von toten Werken reinigen, damit wir dem lebendigen Gott dienen" (Hebr 9,12–14). Hier geht es klar und ganz unmissverständlich um die exklusive Reinigungskraft des kostbaren Blutes Christi.

Auch der Hebräerbrief setzt zunächst den alttestamentlichen Opferkult als Vorgabe des Gesetzes voraus: „Fast alles wird nach dem Gesetz mit Blut gereinigt, und ohne dass Blut vergossen wird, gibt es keine Vergebung" (Hebr 9,22). Aber zugleich wird im Hebräerbrief Wert darauf gelegt, dass die Opfer des Alten Bundes nur „einen Schatten der künftigen Güter" (Hebr 10,1) darstellen: Darum „kann es durch die immer gleichen, alljährlich dargebrachten Opfer die, die vor Gott treten, niemals zur Vollendung führen. Hätte man nicht aufgehört zu opfern, wenn die Opfernden ein für alle Mal gereinigt und sich keiner Sünde mehr bewusst gewesen wären? Aber durch diese Opfer wird alljährlich nur an die Sünden erinnert, denn das Blut von Stieren und Böcken kann unmöglich Sünden wegnehmen. Darum spricht Christus bei seinem Eintritt in die Welt: ‚Schlacht- und Speiseopfer hast du nicht gefordert, doch einen Leib hast du mir geschaffen; an Brand- und Sündopfern hast du kein Gefallen.' Da sagte ich: ‚Ja, ich komme – so steht es über mich in der Schriftrolle –, um deinen Willen, Gott, zu tun'" (Hebr 10,1–7). Unter Bezugnahme auf Psalm 40,7–9 übt der Autor nun klar Kritik am alttestamentlichen Opferkult. Dieser war doch gar nicht imstande, die Erlösung zu bewirken. Erst durch die Selbsthingabe des Hohenpriesters Jesus Christus wird das Heil bewirkt. Trotz aller Anknüpfung an die alttestamentlichen Opfer ist das Selbstopfer Jesu ein ganz anderes, weil vollkommen und einmalig. Nur durch dieses Opfer werden wir wirklich gereinigt.

Dieser Opferpriester gehört einer ganz anderen Ordnung des Priestertums an. Die Ordnung Melchisedeks wird der der Leviten, dem jüdischen Priestergeschlecht, gegenübergestellt (vgl. Hebr 7). Anders als das Priestertum des Melchisedeks ist Letzteres durch die Abstammung vom Erzvater Levi bezüglich seiner Herkunft klar bestimmt. Demgegenüber ist das Priestertum des Melchisedeks von mystischer, ja nicht erklärbarer, Herkunft: In Anknüpfung an Psalm 110,4 und Genesis 14,17–20 wird in der geheimnisvollen Gestalt des Priesterkönigs Melchisedek das Vorbild für das Priestertum Christi gesehen: Er ist der „König der Gerechtigkeit", der „König des Friedens", „ohne Vater, ohne Mutter und ohne Stammbaum" (vgl. Hebr 7,2–3). Dieser brachte Brot und Wein heraus (vgl. Gen 14,18). Hier werden wir doch sofort an die Eucharistie erinnert. Das Opfer Jesu ist in seiner Selbsthingabe einzigartig und wird fortan *unblutig* gegenwärtig gesetzt unter den Gestalten von Brot und Wein. Das ist das wahre Priestertum „nach der Ordnung Melchisedeks" (Ps 110,4). Dieses Priestertum unterscheidet sich also grundlegend von dem levitischen Priestertum, welches noch ganz der unvollkommenen und blutigen Opfertradition der Tieropfer verhaftet war. Vor diesem Hintergrund müssen wir dann auch die letzten Verse des zehnten Kapitels des Hebräerbriefes lesen: „Schlacht- und Speiseopfer, Brand- und Sündopfer forderst du nicht, du hast daran kein Gefallen, obgleich sie doch nach dem Gesetz dargebracht werden; dann aber hat er gesagt: Ja, ich komme deinen Willen zu tun. So hebt Christus das Erste auf, um das Zweite in Kraft zu setzen. Aufgrund dieses Willens sind wir durch die Opfergabe des Leibes Jesu Christi ein für alle Mal geheiligt" (Hebr 10,8–10). Das ist der Grund, wieso nun die Zeit der Tieropfer vorbei ist. Überhaupt ist die Zeit des Opferns vorbei, da in dem einmaligen Opfer der Selbsthingabe des Herrn alle Schuld gesühnt ist. Darum ist jede heilige Messe auch kein eigenständiges Opfer, sondern die Vergegenwärtigung des einmalig auf Golgota geschehenen Opfers. In der Eucharistie ist dieses eine und vollkommene Opfer bis zum letzten Tag dieser Welt, bis zum Tag der Wiederkunft des Herrn, in seiner Kirche präsent. Aus dieser Gegenwart muss die Kirche leben, um beim Herrn sein zu können.

Darum können wir die feste Zuversicht haben, durch das Blut Jesu in das Heiligtum einzutreten (vgl. Hebr 10,19). Diese Zuversicht bringt der Autor des Hebräerbriefes im ermahnenden Schlussteil nochmals als Ermutigung für die Gemeinde zum Ausdruck: Ihr seid hingetreten „zum Mittler eines neuen Bundes, Jesus, und zum Blut der Besprengung, das mächtiger ruft als das Blut Abels" (Hebr 12,24). Wieder wird eine Typologie bemüht: Das Blut Christi ist mächtiger als das des Abel. Sein Lebensopfer vollendet auch das Opfer des gerechten Dieners Abel. Durch sein Blut hat er das Volk geheiligt, außerhalb der Tore der Stadt (vgl. Hebr 13,12). Hierdurch deutet sich wiederum die universale Perspektive des Heilswerkes Christi an. Jesus Christus, welcher auch für die sein Leben gegeben hat, die außerhalb des Volkes Israel leben, will der Mittler eines neuen Bundes sein.

Der Hebräerbrief schließt bei seinem Segenswunsch an die Adressatengemeinden mit einem ausdrücklichen Hinweis auf das kostbare Blut. Durch diese exponierte Stellung am Schluss des Briefes wird nochmals klargemacht, wie wertvoll das sühnende Blut Christi für die Kirche ist: „Der Gott des Friedens aber, der Jesus, unseren Herrn, den erhabenen Hirten seiner Schafe, von den Toten heraufgeführt hat durch das Blut eines ewigen Bundes, er mache euch tüchtig in allem Guten, damit ihr seinen Willen tut" (Hebr 13,20–21). Die Erinnerung an das selbstlose Blutvergießen des Erlösers befähigt uns, mit unserem Leben auf dieses Geschenk der Hingabe angemessen durch das Tun der guten Werke zu antworten. Die Moral des Christen erlangt all seinen Ansporn durch das Vergießen des unschuldigen Blutes des Lammes Gottes am Kreuz, dies ist die feste Überzeugung des Hebräerbriefautors. Dieser Aufruf gilt auch heute noch an uns, die wir oft allzu abgelenkt sind durch die lauten Rufe anderer vermeintlicher Erlöser, die uns aber eben eines nicht geben können: das Heil.

Abbildung 2:
Lamm Gottes (Isenheimer Altar)

Schauen wir am Schluss noch kurz auf die Briefe und die Offenbarung des Johannes: Auch der Lieblingsjünger des Herrn geht in seinen Schriften klar von der reinigenden Wirkung des Blutes Christi aus (vgl. 1 Joh 1,7; Offb 7,13–14). Mit seinem Blut hat Christus die Welt erlöst (vgl. Offb 1,5). Zudem bezeugt das Blut Christi die Wahrheit unseres Glaubens (vgl. 1 Joh 5,6–8). Ganz wunderbar kündet die Offenbarung des Johannes die universale Bedeutung des kostbaren Blutes an: „Würdig bist du, das Buch zu nehmen und seine Siegel zu öffnen; denn du wurdest geschlachtet und hast mit deinem Blut Menschen für Gott erworben aus allen Stämmen und Sprachen, aus allen Nationen und Völkern, und du hast sie für unseren Gott zu Königen und Priestern gemacht" (Offb 5,8–10). So wird das kostbare Blut Jesu zum Strom der Gnade. Aus diesem Strom, der aus dem Herzen des Erlösers entspringt (vgl. Joh 19,34), wird die Kirche für alle Völker entstehen und hieraus entströmen auch die Gnaden der sieben Sakramente. Durch Jesu Blut erlangen wir die Würde des allgemeinen Priestertums. Zudem verleiht das Blut Jesu all den Menschen, die gewillt sind, ihm nachzufolgen, die Kraft, unerschrocken Zeugnis für Christus abzulegen, notfalls mit ihrem Leben. Durch Jesu Blut wird letztlich der Teufel besiegt: „Sie haben ihn [= den Teufel] besiegt durch das Blut des Lammes und durch ihr Wort und Zeugnis; sie hielten ihr Leben nicht fest, bis hinein in den Tod" (Offb 12,11).

Zusammenfassung

Dieser Gang durch das Neue Testament zeigt uns, wie wesentlich die Bedeutung des kostbaren Blutes für die Lehre der Kirche von Beginn ihrer Existenz an ist. Das Blut Jesu Christi ist das Siegel des Neuen Bundes. Es befreit uns wirksam von aller Sünde und Schuld. Durch dieses Blut sind wir sein Eigentum geworden. Durch dieses Blut sind wir gerettet. Insbesondere in den Sakramenten können wir die Gegenwart des kostbaren Blutes, gerade beim Empfang des Altarsakramentes, als Stärkung für unseren Pilgerweg immer wieder neu empfangen. Durch das kostbare Blut sind wir mit Jesus aufs Engste verbunden. Durch sein Blut entsteht die Kirche zum Heil der Welt und nur durch die Ströme dieses Blutes kann sie in der Anfechtung dieser Welt überhaupt bestehen. All diese Zusammenhänge, die dann in der Tradition der Kirche weiter entfaltet werden, sind bereits im Neuen Testament grundgelegt.

Das kostbare Blut Jesu Christi
in der Lehre der Kirche

Nach dem Blick auf die Heilige Schrift gilt unser Augenmerk nun der Bedeutung des kostbaren Blutes in der Lehre der Kirche. Wenden wir uns zunächst den wesentlichen dogmatischen Aussagen des Lehramtes über das kostbare Blut zu, die sich vor allem in der Soteriologie, Christologie und der Lehre über das Altarsakrament finden.

Die soteriologische Perspektive:
Ein Tropfen des kostbaren Blutes sühnt alle Schuld.

Im Anschluss an die Botschaft der Heiligen Schrift kommt dem Blut Jesu Christi nach der Lehre der Kirche zunächst eine soteriologische Bedeutung zu, d. h. innerhalb der Lehre von der Erlösung. Der heilige Bernhard von Clairvaux (1090–1153) prägte den theologisch tiefen Lehrsatz, dass *ein einziger Tropfen des Blutes Christi zur Erlösung der ganzen Menschheit genügt hat*.[23] Dieser soteriologische Grundsatz hat im Laufe der Kirchengeschichte eine große Wirkung in der Frömmigkeit und der Devotion des kostbaren Blutes entfaltet. So hat bereits der heilige Thomas von Aquin (1225–1274) in seinem eucharistischen Hymnus *Adoro te devote* („Gottheit tief verborgen") diesen Gedanken dichterisch so umgesetzt: „Gleich dem Pelikane starbst du, Jesu mein; wasch in deinem Blute mich von Sünden rein. Schon ein kleiner Tropfen sühnet alle Schuld, bringt der ganzen Erde Gottes Heil und Huld."[24]

---

[23] Dies wird uns überliefert von *Bernhardin von Siena*: ed. Q II 287; zit. nach: *R. Haubst*, Art. „Blut Christi", in: LThK Bd. 2, Sp. 544.

[24] Zit. nach *Gotteslob* Nr. 497, Strophe 6. Dieser Hymnus stammt aus dem Jahr 1263/64.

Die Kirche hat diese Lehre, dass ein einziger Tropfen des kostbaren Blutes alle Schuld der Welt sühnt, schließlich in der von Papst Clemens VI. (1291–1352) verkündeten Bulle *Unigenitus Dei Filius*[25] vom 27. Januar 1343 wie folgt bestätigt: „Der einziggeborene Sohn Gottes …, ‚uns von Gott zur Weisheit, Gerechtigkeit, Heiligung und Erlösung geworden' [*1 Kor 1,13*], ‚trat nicht durch Blut von Böcken und Rindern, sondern durch sein eigenes Blut ein für alle Mal in das Heiligtum ein und erwirkte ewige Erlösung' [*Hebr 9,12*]. Denn nicht mit vergänglichen Dingen, mit Gold und Silber, sondern mit seinem eigenen, des unversehrten und unbefleckten Lammes kostbarem Blut, erlöste er uns [*vgl. 1 Petr 1,18f.*]: er hat bekanntlich, auf dem Altar des Kreuzes unschuldig geopfert, nicht nur einen Tropfen Blut – der gleichwohl wegen der Einung mit dem Wort für die Erlösung des ganzen Menschengeschlechtes genügt hätte –, sondern in reichem Maße gleichsam einen Strom vergossen, sodass man ‚von der Fußsohle bis zum Scheitel des Hauptes nichts Heiles' [*Jes 1,6*] an ihm fand."[26] Unter Bezugnahme der uns bereits bekannten Stellen aus der Heiligen Schrift entfaltet dieses lehramtliche Dokument die Lehre von der Effektivität der Erlösung durch den Blutstrom Jesu Christi durch bereits einen Tropfen seines kostbaren Blutes.

Die christologische Perspektive:
Das Blut des Gottmenschen ist anbetungswürdig.

Interessant ist, dass diese Bulle in der Begründung der Effektivität der Erlösung durch einen einzigen Tropfen des kostbaren Blutes an die Christologie anknüpft, d. h. die Lehre über die Person und die Naturen

---

[25] Vgl. *Denzinger*, Rn. 1025–1027. In dieser Bulle wurde die Lehre vom Gnadenschatz der Kirche als Grundlage für die Ablassgewährung erstmals dargelegt. Dies ist auch für unser Thema durchaus bemerkenswert. Die sühnende Kraft der Blutströme Christi legen den Grundstock für den Gnadenschatz der streitenden Kirche auf Erden (vgl. ebd., Rn. 1025 a. E.).

[26] Ebd., Rn. 1025.

des menschgewordenen Wortes: Die Bulle bezieht sich mit der Wendung „nur einen Tropfen Blut, der gleichwohl wegen der Einung mit dem Wort für die Erlösung des ganzen Menschengeschlechtes genügt hätte" auf das Dogma von der hypostatischen Union, welches auf dem Konzil von Chalkedon der ganzen Kirche im Jahr 451 vorgelegt worden ist. Es geht hier um die Frage, wie das Verhältnis der zwei Naturen in Christus, der menschlichen und der göttlichen, im Hinblick auf die zweite göttliche Person des ewigen Wortes, zu bestimmen ist: „Ein und derselbe ist Christus, der einziggeborene Sohn und Herr, der in zwei Naturen unvermischt, unveränderlich, ungetrennt und unteilbar erkannt wird, wobei nirgends wegen der Einigung der Unterschied der Naturen aufgehoben ist, vielmehr die Eigentümlichkeit jeder der beiden Naturen gewahrt bleibt und sich in einer Person und einer Hypostase vereinigt; der einziggeborene Sohn, Gott, das Wort, der Herr Jesus Christus, ist nicht in zwei Personen geteilt oder getrennt, sondern ist ein und derselbe."[27] Weil das Blut Christi, wie sein Leib und seine Seele, mit der Person des ewigen Wortes geeint ist, hat bereits ein Tropfen dieses Blutes diesen unermesslich großen Wert. Nur diese unmittelbare Aufnahme des Blutes Christi in die göttliche Person des Sohnes gibt uns die volle Erklärung dafür, dass seinem Blut in besonderer Weise unsere Erlösung zugeschrieben wird.[28] Anders verhält es sich mit den Tränen, dem Schweiß, dem Speichel und ähnlichen Substanzen, die mit dem Leib Jesu Christi nur mittelbar verbunden waren. Diese haben keinen Anteil an der hypostatischen Einung mit dem ewigen Logos.[29] Diese besondere Einigung des Blutes mit dem ewigen Wort entspricht auch ganz klar der biblischen Einordnung des Blutes als Träger des menschlichen Lebens. Dem Blut, so haben wir bereits gehört, kommt in der menschlichen Natur eine we-

---

[27] Ebd., Rn. 302.

[28] So zutreffend *F. Diekamp, K. Jüssen*, Katholische Dogmatik. Bearbeitet von *R. de Luca*, Wil 2013, S. 512.

[29] Vgl. ebd.

sensbestimmende Wirkung zu, da dieses lebenserhaltend ist. Hier sehen wir auch, wie sehr das Dogma der Kirche mit der biblischen Auffassung in Einklang steht. Wegen der hypostatischen Einung des kostbaren Blutes mit der zweiten göttlichen Person des Sohnes Gottes kommt diesem auch der Kult der Anbetung zu.[30] Wir haben gesehen, wie sehr hier die

---

[30] Vgl. zum Ganzen auch ebd., S. 538ff., hier bes. S. 540. – In der theologischen Diskussion der Hochscholastik war man sich darüber weitgehend einig, dass das Blut des Herrn in der hypostatischen Union mit der göttlichen Person des Wortes geeint ist. Allerdings stritten sich die Theologen lebhaft darüber, wie denn das von Christus beim Leiden vergossene Blut zu bewerten sei. *Thomas von Aquin* war der Auffassung, dass *alles Blut*, das der Herr während seines Leidens vergossen hat, wieder als Teil des Auferstehungsleibes auferstanden sei, und bestritt mithin das Vorhandensein echter Reliquien des Blutes Christi. Für ihn war es unvorstellbar, dass auch nur ein Tropfen aus dieser Union entlassen worden ist. Aus diesem Grunde stand er dem Vorhandensein von Blut-Christi-Reliquien aus der Passion ablehnend gegenüber: „Alles Blut, das aus dem Leibe Christi floss, ist im Leibe Christi auferstanden, da es zur Wirklichkeit der menschlichen Natur gehört. Derselbe Grund besteht für alle Teile, die zur Wirklichkeit und Vollständigkeit der menschlichen Natur gehören. Das Blut aber, das als Reliquien in den Kirchen verehrt wird, ist nicht aus der Seite Christi geflossen, sondern soll wunderbarerweise aus einem durchbohrten Bilde Christi geflossen sein" (S. Th. III q. 54 a. 3, zit. nach *Thomas von Aquin*, Des Menschensohnes Leiden und Erhöhung, Deutsche Thomasausgabe der *Summa Theologica*, Bd. 28, Heidelberg 1956, S. 222). Daraufhin entbrannte ein Streit zwischen den Dominikanern und Franziskanern, die genau der gegenteiligen Auffassung waren, dass nämlich mit dem Vergießen des Blutes die Trennung von der Gottheit erfolge. Erst *Papst Pius II.* setzte dem Streit mit einem Schweigegebot zur Sache ohne eigene lehramtliche Entscheidung mit dem Dekret „*Ineffabilis summi providentia Patris*" vom 1. August 1464 ein Ende (vgl. *Denzinger*, Rn. 1385). Zur Entschärfung dieses Konfliktes vgl. *Haubst*, Art. „Blut Christi", in: LThK Bd. 2, Sp. 545: Dort wird zutreffend darauf hingewiesen, dass nur *dem* vergossenen Blut, das tatsächlich wieder in den Leib aufgenommen wurde, die hypostatische Einigung zugesprochen werden kann. Vor diesem Hintergrund besteht durchaus die Möglichkeit, dass es sog. echte Blutreliquien des Herrn gibt, die allerdings nicht mehr hypostatisch geeint sind. Allerdings gebührt solchen Reliquien deshalb nur der relative Kult der Verehrung. Auch *Faber*, S. 38, hat sich in seinem Buch über das kostbare Blut von 1860 bereits dahingehend genauso geäußert. Zudem ist ausweislich der heutigen Physiologie „und angesichts der auch bei Jesus durchweg natürlich verlaufenden physiologischen Lebensvorgänge die fortdauernde ‚Identität' des Blutes nicht im Verbleib derselben Blutflüssigkeit oder -zellen zu sehen, sondern vielmehr darin, dass es jeweils von derselben Seele in demselben Leib belebt ist" (so *Haubst*, ebd.). Vor diesem Hintergrund hat m. E. dieser klassische Theologenstreit heute keine Relevanz mehr.

Lehre über die Erlösung und die über den Erlöser in Verbindung stehen. Zudem bekommen wir in diesem Zusammenhang eine Antwort auf die Frage des angemessenen Kultes, der dem Blut des Erlösers zu erweisen ist.

Die eucharistische Perspektive:
Die Gegenwart des Blutes Christi im Altarsakrament

Das Blut des Erlösers, des verklärten Christus, ist auch im Hinblick auf die göttliche Person und mit dieser im Altarsakrament anzubeten. Damit sind wir beim letzten Themenkreis, in dem die Kirche sich zum kostbaren Blut lehramtlich geäußert hat, angelangt: der Lehre über die Eucharistie. Hier kommt vor allem den dogmatischen Aussagen des Trienter Konzils (1545–1563) eine große Bedeutung zu. In der Abwehr gegenüber den verschiedenen häretischen Fehlverständnissen über die Bedeutung und das Wesen des Altarsakramentes in der Lehre der Reformatoren des 16. Jahrhunderts musste die Kirche nun eindeutig und unmissverständlich für Klarheit über diesen so wichtigen Glaubensinhalt sorgen. Diese Aussagen haben gerade in der heutigen Zeit, in der in vielen Kirchengemeinden eine eucharistische Krise wahrzunehmen ist, einen hochaktuellen Wert. Auch Trient bezieht sich bei der Definition der Gegenwartsweise Jesu Christi unter den Gestalten von Brot und Wein auf das Dogma von Chalkedon: „Die Apostel hatten (…) die Eucharistie noch nicht aus der Hand des Herrn empfangen [vgl. *Mt 26,26; Mk 14,22*], als er selbst dennoch wahrhaft versicherte, es sei sein Leib, den er darbot; und stets war dieser Glaube in der Kirche Gottes, dass sogleich nach der Konsekration der wahre Leib unseres Herrn und sein wahres Blut unter der Gestalt des Brotes und des Weines zusammen mit seiner Seele und Gottheit da sei: und zwar der Leib unter der Gestalt des Brotes und das Blut unter der Gestalt des Weines kraft der Worte, derselbe Leib aber unter der Gestalt des Weines und das Blut unter der Gestalt des Brotes und die Seele unter beiden kraft jener natürlichen

Verknüpfung und Begleitung, durch die die Teile Christi, des Herrn, der schon von den Toten auferstanden ist und nicht mehr sterben wird [vgl. *Röm 6,9*], untereinander verbunden sind, die Gottheit jedoch wegen jener wunderbaren hypostatischen Einung mit seinem Leib und seiner Seele. Deswegen ist es ganz wahr, dass ebenso viel unter einer der beiden Gestalten wie unter beiden enthalten ist. Ganz unversehrt ist nämlich Christus unter der Gestalt des Brotes und unter jedwedem Teil ebendieser Gestalt, ganz ebenso unter der Gestalt des Weines und unter seinen Teilen."[31]

Abbildung 3: Jesus Christus und die eucharistischen Gestalten
(Joan de Joanes, 16. Jahrhundert)

---

[31] *Denzinger*, Rn. 1640.

Die Aussage des Konzils von Trient ist hier klar und unmissverständlich: Der ganze Christus ist jeweils unter den Gestalten des Sakramentes gegenwärtig. Dies hat dann klare Folgen für den *usus sacramenti*: Was den Empfang angeht, haben die Reformatoren, bereits inspiriert durch die häretische Forderung des Laienkelches durch Jan Hus (1369–1415), eben nicht Recht, wenn sie fordern, dass der Kelch zwingend genommen werden müsse, um das Sakrament nicht unvollständig zu genießen. Vor dem Hintergrund dieses kirchlichen Lehrsatzes ist es heute umso unverständlicher, wenn in einigen Kirchengemeinden die Kelchkommunion unter fadenscheinigen Gründen wieder eingeführt wird. In der lateinischen Kirche hat sich aus nachvollziehbaren Gründen (z. B. die angemessenere Praktikabilität der Austeilung und die Beachtung der Hygiene) die Tradition herausgebildet, den Laien in der Regel den Herrn in der Gestalt des Brotes zu spenden. Besonders ärgerlich ist es, wenn in einigen Pfarrgemeinden und Ordenskonventen die Laien selbst die konsekrierte Hostie in den konsekrierten Wein eintauchen. Hierbei ist die Gefahr außerordentlich groß, dass Partikel des Allerheiligsten verloren gehen. Dies ist ein schwerer liturgische Missbrauch[32], der mitunter sogar unter der Anwesenheit von Bischöfen praktiziert wird. Wir müssen uns wieder die theologischen Grundlagen der liturgischen Vollzüge klarmachen. Angesichts des oben zitierten Dogmas von Trient besteht überhaupt kein zwingender Grund, den Laien den Kelch zu bieten. Die Fülle der Sakramentsgnade wird schon unter einer der beiden Gestalten empfangen. Seit alters her hat die Kirche diese Überzeugung. Bei einigen Kirchen des orientalischen Ritus wird so zum Beispiel seit den Tagen der Kirchenväter mit einem Löffelchen dem Säugling ein Tropfen des konsekrierten Weines eingeflößt. Hier liegt die Überzeugung zugrunde, dass

---

[32] Vgl. hierzu die Instruktion *Redemptionis sacramentum*, Nr. 104 (vgl. URL http://www.vatican.va/roman_curia/congregations/ccdds/documents/rc_con_ccdds_doc_20040423_redemptionis-sacramentum-ge.html) des *hl. Papstes Johannes Paul II.*

hierdurch der ganze Christus empfangen wird. Umgekehrt empfängt jeder Gläubige mit der Spendung der Brothostie den ganzen Christus. Wir müssen uns hier von ideologisch motivierten Fehlentwicklungen befreien. Der Laie wird durch die traditionelle Kommunionspendung eben nicht gegenüber dem Priester beim Sakramentsempfang benachteiligt. Dieses Denken läuft dem Glaubenssinn der Kirche zuwider.

Zudem hat diese Lehre noch eine weitere Folge für den *cultus sacramenti*: Bei der eucharistischen Anbetung der ausgesetzten konsekrierten Hostie beten wir den ganzen Christus an: seinen Leib, sein Blut, seine Seele und seine Gottheit. Die Anbetung des kostbaren Blutes geschieht gerade bei der eucharistischen Anbetung. Auch hieraus folgen praktische Konsequenzen: Jeder Tabernakel ist der bedeutendste Heilig-Blut-Wallfahrtsort! Das relativiert im guten Sinne eine mitunter in frommen Kreisen der Kirche zu findende, falsche Einordnung der Heilig-Blut-Reliquien, denen ja als Sakramentalien nicht der Kult der Anbetung, sondern nur der der Hochverehrung zukommt. Hintergrund hierfür ist teilweise eine bis ins Abergläubische gehende Wundersucht, die gestillt werden möchte. Machen wir uns eines wieder ganz klar: Das größte Wunder, das der Herr uns geschenkt hat, ist seine verborgene Gegenwart in den Gestalten des Altarsakraments. In jedem Tabernakel ist der Herr selbst wirklich und wesenhaft zugegen. Dieses Wunder ist ganz nah, in jeder Pfarrkirche gegenwärtig, und kann von uns, ohne großen Aufwand, aufgesucht werden. Gehen wir mit gutem Beispiel voran und besuchen in der Hektik des Alltags immer wieder den Herrn im Sakrament. Dies ist natürlich verbunden mit dem Aufruf, die Kirchentüren tagsüber nicht zu verschließen. Versuchen wir in unseren Gemeinden alles, dass die eucharistische Anbetung wieder eine Renaissance erfährt. Regen wir in unseren Gemeinden an, am Donnerstag vor dem Herz-Jesu-Freitag eine Anbetungsstunde vor dem ausgesetzten Allerheiligsten abzuhalten. Lasst uns, wenn möglich, die Tradition des vierzigstündigen Gebets in der Fasten- und Adventszeit wiederbeleben. Bilden wir mit frommen Priestern eucharistische Gebetsgruppen, die in regelmäßigen Abständen vor dem ausgesetzten Altarsakrament die Anliegen der Kirche und allen Dank, Lob und Ehre dem darbringen, dem wir unser ganzes Sein verdanken. Hier ist sicher noch vieles möglich.

Zusammenfassung

Das kostbare Blut des Herrn ist wegen der Vereinigung mit der zweiten göttlichen Person unendlich wertvoll. Nun wird klar, wie kostbar der im Petrusbrief (vgl. 1,18f.) erwähnte Kaufpreis der Erlösung wirklich ist. Wegen der Einung mit dem Ewigen Wort Gottes kommt dem kostbaren Blut der Kult der Anbetung zu. Dieses Blut ist *jeweils* wahrhaft gegenwärtig unter den Gestalten von Brot und Wein im allerheiligsten Sakrament des Altares. Gerade in der eucharistischen Anbetung können wir dem Vater unsere Dankbarkeit für das einmalige Erlösungsopfer unseres Herrn erweisen und so dem kostbaren Blut Jesu Christi die angemessene Devotion entgegenbringen.

Das kostbare Blut Jesu Christi
in der Verkündigung der Päpste

Hören wir nun auf die Stimme des fortwährenden Petrus, der vom Tag in Cäsarea Philippi (vgl. Mt 16,18) an bis zur Wiederkunft Christi den Herrn der Kirche sichtbar auf Erden vertritt und die Botschaft des Evangeliums durch die Zeiten hindurch als oberster Lehrer der Universalkirche verkündet. Gerade die Päpste des letzten Jahrhunderts haben uns wertvolle Gedanken über das kostbare Blut Christi an die Hand gegeben, die unsere Frömmigkeit sicher stärken können. Ist es doch der vornehmliche Auftrag des Herrn an Petrus, seine Brüder im Glauben zu stärken (vgl. Lk 22,32).

Papst Pius XII.: Zeichen der Hoffnung und Ströme des Heils

In der schweren Zeit des Zweiten Weltkriegs wies Papst Pius XII. (1876–1958) in zwei Ansprachen[33], die er vor Neuvermählten im Juli 1940 hielt, auf den Wert des kostbaren Erlöserblutes hin. Ganz bewusst hielt er diese Ansprache im Monat Juli, der dem kostbaren Blute Jesu Christi besonders geweiht ist. Angesichts der Kriegsnot wies der Papst darauf hin, dass das Blut Jesu Christi eine „unerschöpfliche Quelle der Versöhnung und des Friedens" ist, welches gerade in dieser Zeit als Zeichen der Hoffnung die Herzen zu stärken vermag. Dann erinnerte er unter Be-

---

[33] Ansprache „*La pietà dei fideli*" unseres Heiligen Vaters Pius XII. an Neuvermählte über den Wert des kostbaren Erlöserblutes am 3. Juli 1940 (Quelle: *Papst Pius XII.*, Ansprachen Pius' XII. an Neuvermählte, übersetzt und eingeleitet von *F. Zimmermann*, Regensburg 1950, S. 51–56) und die Ansprache „*Nel mese di luglio*" vom 10. Juli 1940, *Papst Pius XII.*, ebd., S. 56–63.

zugnahme auf 1 Petr 1,18–19 daran, dass das Blut Christi der *Kaufpreis unserer Erlösung* ist. Er verwies mit Hochachtung auf die Spuren und die Reste dieses Blutes, welcher sich einige Kirchen zu Recht rühmen können.[34] Als konkretes Beispiel nannte er die Heilige Stiege in Rom, die ja ein Teil des Komplexes der Bischofskirche des Papstes, St. Johannes im Lateran, ist. Vor allem lenkte er unser Augenmerk auf die *Gegenwart des kostbaren Blutes in den Tabernakeln* der Kirchen hin: „Ihr wisst vor allem, dass im Tabernakel unter der Gestalt der Hostie das wirkliche Blut selbst ist mit Leib und Seele und der Gottheit des Erlösers." Hier erinnerte der Papst ganz offensichtlich an die bereits vorgestellte Lehre des Trienter Konzils.

Auf anschauliche Weise verdeutlichte der Papst zunächst den Wert des Blutes im natürlichen Leben des Menschen, um dann in einem übertragenen Sinne die umso wertvollere Bedeutung des kostbaren Blutes für das übernatürliche Leben deutlich zu machen. Hierbei entfaltete der Papst dann die Bedeutung der *Sakramente als Kanäle des kostbaren Blutes*[35]: „Aber all jene, die die Taufe empfangen haben, können ‚Fürsten des Blutes' genannt werden, eines Blutes nämlich, das nicht nur wirklich, sondern göttlich ist." Wenn wir die reinigende Wirkung der Taufe durch unser sündiges Handeln verloren haben, besteht in den Sakramenten der Buße und der Eucharistie immer wieder die Möglichkeit zur Reinigung durch sein kostbares Blut: „Nach euren Sünden, auch wenn sie zahlreich wären, könnt ihr immer mit aufrichtiger Reue von Neuem euer Taufkleid im Blute des Lammes waschen (vgl. Offb 1,5; 7,14), das in den Sakramenten der Buße und der Eucharistie unaufhörlich für euch fließt." Darum betonte der Papst, den einstigen hasserfüllten Schrei der Juden „Sein Blut komme über uns und unsere Kinder!" (Mt 27,25) sich

---

[34] Siehe oben Fn. 30. Anders als der *hl. Thomas von Aquin* geht der *Pastor angelicus* klar von der Hinterlassenschaft echter Blut-Christi-Reliquien aus.

[35] Dieser Aspekt wurde bereits eingehend von *Faber*, S. 152ff. entfaltet.

nun als „Ruf der Liebe" mit folgendem Gebet zu eigen zu machen: „Herr Jesus, der du dein kostbares Blut für alle Sünder vergossen hast, gib, dass es in Gnaden der Erlösung auf uns komme, auf alle, die uns teuer sind, und besonders auf jene, welche die Erben unseres Blutes sind, wenn es so dein Wille ist!"

Angesichts des Hasses, der sich gerade in dieser Kriegzeit zwischen den Völkern entlud, wies der Papst darauf hin, dass das Herz Jesu der Abgrund aller Tugenden sei. Anders als die Blutströme des Krieges, die die Städte und Landstriche bedecken, vermag das Blut des Erlösers uns zu verwandeln zur *Versöhnungsbereitschaft*: „Seitdem Christus sein Blut für die Menschen vergossen hat, ist die gläubige Menschheit eingetaucht in ein Meer von Güte und atmet in einer Atmosphäre der Versöhnung." Aus dieser Gewissheit mahnt der Papst auch in Kriegszeiten die Versöhnungsbereitschaft der Menschen an. Es ist rückblickend schon sehr beeindruckend, wie sehr der Papst in dieser Zeit seine ganze Hoffnung auf das kostbare Blut Jesu gesetzt hat. Er war sich ganz im Klaren darüber, dass nur hier die wirkliche Quelle des Friedens und des Heils zu finden ist.

Papst Johannes XXIII.: Zur Notwendigkeit der Verehrung des kostbaren Blutes

Kommen wir nun zu dem bemerkenswerten Apostolischen Lehrschreiben *Inde a primis* vom 30. Juni 1960[36], welches der hl. Papst Johannes XXIII. (1881–1963) der Kirche über das kostbare Blut Jesu Christi vorgelegt hat. Dieses ist das einzige päpstliche Lehrdokument, welches sich ausschließlich mit unserem Thema beschäftigt. Hier tritt uns die tiefe Frömmigkeit des liebevollen Papa Roncalli entgegen, der uns, ausgehend

---

[36] Herder-Korrespondenz 1960/61, November 1960, S. 72–74; lat. Text vgl. AAS 52 (1960), S. 545–550.

von seiner Erfahrung der Verehrung des kostbaren Blutes in seiner Familie, diese Devotion dringend ans Herz gelegt hat. So erinnerte sich der Papst zunächst an seine Kindheit: „Diese Verehrung ist Uns bereits im Schoße Unserer Familie eingeflößt worden, wo sich Unsere Kindheit entfaltete, und mit lebhafter Rührung erinnern Wir Uns noch heute der Litanei vom Kostbarsten Blute, die Unsere Eltern jeden Tag im Monat Juli laut beteten." Johannes XXIII. hat von Kindesbeinen an gelernt, wie wichtig die Verehrung des kostbaren Blutes Jesu ist. Diese Erfahrung will er nun als oberster Hirte seiner Kirche vermitteln und für diese neu fruchtbar werden lassen. Es ist wirklich erstaunlich, wie sehr diese Seite dieses Papstes in den vielen Veröffentlichungen, die sich mit seinem Leben beschäftigen, unterschlagen wird. Umso mehr freut es mich, nun die Kernaussagen dieses Schreibens einem breiteren Leserkreis zugänglich machen zu dürfen:

Zunächst stellte der Papst heraus, dass ein Teil seiner Hirtensorge auf den richtigen Vollzug der liturgischen und privaten Frömmigkeit der Gläubigen gerichtet ist. Dann wies er auf die Verbindung der Blut-Jesu-Verehrung mit zwei anderen Andachtsübungen hin: der Verehrung des Heiligsten Namens Jesu und der Verehrung des Herzens Jesu. Alle Andachtsformen haben ihre Berechtigung und stehen in unmittelbaren Zusammenhang, sind sie doch alle auf die besondere Verehrung der Menschheit des Erlösers gerichtet. Diese Arten der Verehrung dürfen nicht gegeneinander ausgespielt werden. Sie sind durch das eine Band der Menschheit des göttlichen Erlösers miteinander verbunden.

Nach diesen grundsätzlichen Überlegungen lenkte der Papst den Blick auf den hl. Kaspar del Bufalo (1786–1837), der im 19. Jahrhundert der „wunderbare Vorkämpfer" für die Blut-Christi-Verehrung war. Schon unter Papst Benedikt XIV. (1675–1758) wurden ein eigenes Offizium und ein Messformular zu Ehren des anbetungswürdigen Blutes des göttlichen Erlösers promulgiert. Schließlich kam es unter Papst Pius IX. (1792–1878) zur Anordnung des liturgischen Festes zu Ehren des kostbaren Blutes für die Gesamtkirche, bis schließlich Papst Pius XI. (1857–1939) dieses Fest im 20. Jahrhundert in den Rang eines „Duplexfestes 1. Klasse", heute würde man von Hochfest sprechen, erhob.

Ganz auf dieser Linie seiner Vorgänger approbierte der Papst nun eine offizielle Fassung der Litanei zum kostbaren Blute Jesu und versah deren Rezitation mit besonderen Ablässen. Hierin sah er seinen Beitrag zur Förderung dieser Andachtsform. Es ist schon erstaunlich, dass diese Litanei im neuen Gotteslob der deutschsprachigen Diözesen nicht zu finden ist. Am Ende dieses Buches wird eine lateinisch-deutsche Fassung abgedruckt. Wir sind hier durch den hl. Johannes XXIII. klar aufgefordert, diese Litanei zu beten.

Der Papst stellte die Sinnhaftigkeit des Blut-Jesu-Monats heraus und ermahnte die Kirche, gerade in diesem Monat vertieft dieses Glaubensgeheimnis zu betrachten und häufiger die Eucharistie zu empfangen. Unter ausdrücklicher Bezugnahme auf die bereits angeführte Bulle *Unigenitus Dei Filius* von 1343, wonach bereits ein einziger Tropfen des Blutes Jesu die ganze Erde neu erschafft, legte er uns mit folgenden eindringlichen Worten die Notwendigkeit dieser Devotion ans Herz: „Denn wenn der Wert des Blutes des Gottmenschen Jesus Christus unendlich ist und wenn die Liebe unendlich ist, die ihn dazu getrieben hat, es vom achten Tage nach seiner Geburt an bei der Beschneidung und dann im Übermaß ‚im Todeskampf' (Lk 22,43) und in dem langen Gebet im Garten Gethsemane, bei der Geißelung und Dornenkrönung, beim Aufstieg zum Kalvarienberg und bei der Kreuzigung zu vergießen, und wenn schließlich die große Wunde in seiner Seite geöffnet worden ist, damit ein Zeichen jenes göttlichen Blutes existiere, das sich auch in alle Sakramente der Kirche ergießt, so fordert das alles nicht nur als geziemend, sondern als in höchstem Maße notwendig, dass alle Gläubigen, die durch das Blut wiedergeboren sind, ihm fromme Verehrung, Anbetung und überströmende Liebe entgegenbringen." Heute scheint dieser eindringliche Appell des Papstes verpufft zu sein. Es bleibt zu hoffen, dass die Verehrung des kostbaren Blutes wiederbelebt wird in unseren Pfarrkirchen und Häusern. Letztlich geht es hier um eine ganz selbstverständliche Form der Dankbarkeit gegenüber dem, der uns befreit hat von Sünde, Tod und Teufel.

Genau hieran erinnerte der Papst nun, indem er unter ausdrücklicher Bezugnahme eines Zitats des Kirchenvaters Johannes Chrysostomus (347–407) uns in Erinnerung ruft, dass wir bei jeder Kommunion auch das Blut des Heilands empfangen: „Wenn dieses Blut würdig empfangen wird, treibt es die Teufel fort, ruft die Engel und den Engel des Herrn selber an unsere Seite. (…) Dieses vergossene Blut reinigt die ganze Welt. (…) Es ist der Preis des Universums, durch es hat Christus die Kirche erkauft. (…) Ein solcher Gedanke müsste unsere Leidenschaften zurückdämmen. Wie lange noch bleiben wir an dieser gegenwärtigen Welt haften? Wie lange noch bleiben wir träge? Wie lange noch säumen wir, an unser Heil zu denken? Denken wir über die Güter nach, die der Herr uns hat gewähren wollen, seien wir dankbar, preisen wir ihn, nicht nur durch den Glauben, sondern ebenso durch die Werke."[37]

Am Ende des Lehrschreibens brachte der Papst seine tiefe Überzeugung zum Ausdruck, dass die Verehrung des Blutes Christi auch zu einem tugendhaften Leben führen wird. Ja, diese Verehrung könnte die ganze Welt positiv verändern: „Wenn die Menschen den Eingebungen der Gnade Gottes folgen wollten, der doch alle erlösen wollte (vgl. 1 Tim 2,4), da er alle im Blute seines eingeborenen Sohnes erlösen wollte und alle dazu

---

[37] Dieses Zitat stammt aus *Johannes Chrysostomus*, In Joann. Homil. XLVI; *Migne* PG LIX, c. 260–261. Diese Quellenangabe entstammt dem päpstlichen Lehrschreiben.

berief, Glieder jenes mystischen Leibes zu werden, dessen Haupt Christus ist, wie viel brüderlicher würden dann Einzelne, Völker und Nationen miteinander verbunden sein, wie viel friedlicher, Gottes und der menschlichen Natur, die ja nach seinem Bild und Ebenbild geschaffen ist (vgl. Gen 1,26), würdiger würde sich auch das soziale Zusammenleben gestalten!" Hier wird die universale Perspektive des Erlösungsopfers klar herausgestellt. Daraus folgt auch die Möglichkeit der Verwandlung dieser Welt, wenn die Menschen bereit sind, die Früchte der Erlösung in ihr Leben einzubeziehen. Das Reich Gottes ist schon angebrochen. In dieser Hoffnungsperspektive steht die Mahnung des Papstes, das Blut Christi angemessen zu ehren und sein Leben mit ihm zu verbinden.

Papst Johannes Paul II.: Beredtes Zeichen der Hingabe Jesu

Auch der hl. Papst Johannes Paul II. (1920–2005) war ein großer Verehrer des kostbaren Blutes Christi. Überhaupt war er ein Mensch, der sich zeitlebens in die Betrachtung der Passion vertiefte. Gerade die großen Passionsheiligen (Johannes vom Kreuz, Pater Pio, Schwester Faustina und Anna Katharina Emmerich) waren ihm wichtige Begleiter auf seinem Nachfolgeweg, der schließlich selbst am Ende seines Lebens ein Kreuzweg war. Johannes Paul II. wurde gerade in den Jahren seiner schweren Krankheit zum *Papa passionis*.

Besonders erinnerte er im Jubiläumsjahr der Erlösung 2000 an die Bedeutung des kostbaren Blutes Christi in einer Ansprache, die er vor der Vereinigung „Sanguinis Christi" und weitere Pilgergruppen am 1. Juli, zu Beginn des Blut-Christi-Monats hielt.[38] Am nächsten Tag bekräftigte er diese Aussagen nochmals in prägnanter Form bei der Ansprache

---

[38] Vgl. URL: https://w2.vatican.va/content/john-paul-ii/de/speeches/2000/jul-sep/documents/hf_jp-ii_spe_20000701_sanguis-christi.html

zum sonntäglichen Angelusgebet.[39] Unter ausdrücklicher Bezugnahme auf das zuvor dargestellte Lehrschreiben *Inde a primis* seines Vorgängers Johannes XXIII. begrüßte der Papst die anwesenden Pilgergruppen, insbesondere die Ordensgemeinschaften, die sich der Verehrung des kostbaren Blutes verschrieben haben. Er erinnerte daran, dass gerade der Monat Juli der Betrachtung des „Blutes Christi, des Lösegelds für unsere Befreiung, des Unterpfands unseres Heils und ewigen Lebens" geweiht ist.

Zunächst wies der Papst auf die Verlegung des Blut-Christi-Hochfestes vom 1. Juli auf den Fronleichnamstag, „der heute den Namen Hochfest des Leibes und Blutes Christi trägt", durch seinen Vorgänger Paul VI. (1897–1978) im Zuge der nachkonziliaren Liturgiereform hin. Johannes Paul II. führte dementsprechend die Begründung dieser Kalenderreform an: „Bei jeder Eucharistiefeier wird gemeinsam mit dem Leib Christi sein Kostbares Blut vergegenwärtigt, das Blut des neuen und ewigen Bundes, das für alle vergossen wurde zur Vergebung der Sünden (vgl. Mt 26,27)." Diese Begründung ist, wenn man sich das zuvor zum Dogma der Kirche Gesagte vergegenwärtigt, sicher nachvollziehbar. Die Verehrung des kostbaren Blutes hat immer auch eine eucharistische Komponente.[40]

---

[39] Vgl. URL: https://w2.vatican.va/content/john-paul-ii/de/angelus/2000/documents/hf_jp-ii_ang_20000702.html

[40] Allerdings hatte dieses eigenständige Fest primär die Bedeutung, sich des soteriologischen Festgeheimnisses zu nähern. Zudem erscheint es mir heute eher fragwürdig, ob eine solche Zusammenlegung noch sinnvoll ist. Will man wieder eine Renaissance dieser Andachtsform für die Gesamtkirche bewirken, ist die erneute selbstständige Feier dieses Geheimnisses sicher ein wesentlicher Schritt, da so das Augenmerk der Gläubigen wieder besonders auf das kostbare Blut auch im Festkalender des Kirchenjahres gerichtet wird. Wir werden im Kapitel über die Liturgie nochmals auf diesen Aspekt zu sprechen kommen. Papst Johannes Paul II. sah damals offenkundig noch keinen Bedarf, diese Reform wieder rückgängig zu machen. Es ist schon bemerkenswert, wie Paul VI. angesichts der hohen Wertschätzung die-

Abbildung 4: Johannes Paul II. – Papa eucharisticus

Nach diesem Blick auf die Liturgiereform kam der Papst auf die Größe dieses Geheimnisses zu sprechen: „Das Jubiläumsjahr möge dieser so bedeutsamen Frömmigkeit neuen Ansporn verleihen. Die Feier der Geburt Christi vor zweitausend Jahren lädt uns auch dazu ein, ihn in seiner allerheiligsten Menschheit zu betrachten und anzubeten, die er im Schoß Mariens angenommen hat und die hypostatisch mit der göttlichen Person des Wortes vereinigt ist. Wenn das Blut Christi eine kostbare Heilsquelle für die Welt ist, dann ergibt sich dies aus seiner Zugehörigkeit

---

ses Festtages durch Johannes XXIII. in *Inde a primis* überhaupt diese Anordnung treffen konnte. An dieser Stelle können wir sehen, wie unterschiedlich auch Päpste ihre Akzente auf bestimmte Inhalte der Frömmigkeitsausübungen legen.

zum Wort, das zu unserem Heil Fleisch geworden ist." Hier sieht man die Hochachtung des polnischen Pontifex vor diesem Geheimnis, dessen eigenständigen Wert er nun klar unter Bezugnahme auf die christologischen Zusammenhänge formulierte. Ganz eindrücklich ging er dann auf die Zeichenhaftigkeit des „vergossenen Blutes" als „Ausdruck des Lebens, das zum Zeugnis höchster Liebe hingegeben wurde" ein. Dieses Zeichen bedeutet „ein göttliches Handeln aus Nachsicht gegenüber unserer menschlichen Natur. Gott wählte das Zeichen des Blutes, da kein anderes Zeichen auf so beredte Weise das *vollkommene Beteiligtsein der Person* darstellen kann." Die Totalität der Hingabe macht dieses Zeichen so eindrucksvoll, ist das Blut doch das Zeichen des Lebens schlechthin.

Diese Hingabe des Sohnes hat zutiefst ihren Ursprung im Geheimnis der Trinität: „Das Geheimnis einer solchen Hingabe findet seinen Ursprung im heilbringenden Willen des himmlischen Vaters und seine Verwirklichung im kindlichen Gehorsam Jesu, des wahren Gottes und wahren Menschen, durch das Wirken des Heiligen Geistes. Daher trägt die Geschichte unseres Heils das *unauslöschliche Zeichen der trinitarischen Liebe.*" Angesichts dessen können wir uns doch nur im Zeichen des kostbaren Blutes gemeinsam vereinigen und mit dem Hebräerbriefverfasser rufen. „Wir haben also die Zuversicht, Brüder, durch das Blut Jesu in das Heiligtum einzutreten. (…) Lasst uns aufeinander achten und uns zur Liebe und zu guten Taten anspornen" (Hebr 10,19.24).

Hieraus folgte für den Papst klar und deutlich – wie schon bereits bei Johannes XXIII. – die moraltheologische Konsequenz dieser Andachtsübung, die ja kein Selbstzweck ist: Diese Frömmigkeitsform will uns anspornen, selbst mit Hingabe und Opferbereitschaft den Weg der Christusnachfolge zu gehen: „Es gibt ‚viele gute Taten', zu denen uns die Betrachtung des Opfers Christi inspirieren kann. Denn dieses Opfer ermutigt uns dazu, unser Leben vollkommen für Gott und die Brüder hinzugeben, ‚*usque ad effusionem sanguinis*‘ (bis zum Blutvergießen), so wie es die vielen Märtyrer taten. Wie sollte man nicht immer wieder von Neuem den Wert jedes Menschen erkennen, wo Christus doch so unterschiedslos für einen jeden sein Blut vergossen hat. Die Betrachtung dieses Mysteriums führt uns in besonderer Weise zu all jenen hin, die in ihrem seelischen und körperlichen Leid Heilung erfahren könnten, die man jedoch am Rand einer von Überfluss und Gleichgültigkeit gezeichneten Gesellschaft darben lässt." Hier wies der Papst auf den Auftrag zur eigenen Lebenshingabe hin, der aus der Betrachtung der Lebenshingabe Jesu folgt. Gerade in unserer Überflussgesellschaft sollten wir wieder auf den wahren Reichtum schauen. Wir sind reich von Gott beschenkt worden durch die Vergießungen des kostbaren Blutes Jesu. Durch diese Bewusstmachung werden wir selbst gedrängt, auch uns zu schenken, gerade da, wo es nottut. Abschließend nennt der Papst angesichts einer Pilgergruppe, den Verein der freiwilligen Blutspender Italiens, ein ganz konkretes Beispiel, wie so ein Opfer aussehen kann: „Ihr beschränkt euch nicht darauf, etwas zu schenken, was euch gehört, sondern ihr gebt einen Teil eurer selbst. Was ist euch mehr zu eigen als das eigene Blut? Im Lichte Christi betrachtet, erhält diese Gabe dieses lebenspendenden Elementes einen Wert, der den rein menschlichen Horizont übersteigt." Vor diesem Hintergrund sprach der Papst den vielen Blutspendern in der Welt seine Anerkennung aus und ermutigte zu diesem Dienst der Nächstenliebe. Sind wir nicht selbst in jeder Eucharistiefeier, in der wir den Leib und das Blut des Herrn empfangen, gleichsam Empfänger seiner Blutspende? Das Bild der Blutspende bekommt auch im eucharistischen Kontext sicher seinen Wert, um dieses Geheimnis mit neuen Bildern den Menschen nahezubringen.

Papst Benedikt XVI.:
Unterpfand der treuen Liebe Gottes zur Menschheit

Auch Papst Benedikt XVI. hielt im Blut-Jesu-Monat 2009 am 5. Juli eine Angelusansprache zu unserem Thema.[41] Zunächst verwies der Papst auf das grundlegende Schreiben *Inde a primis* von Johannes XXIII., um dann in einem zweiten Schritt unter Bezugnahme der bekannten Bibelstellen (Ex 24,8 und Mt 26,28) auf die „höchste Bedeutung" dieses Themas innerhalb der Heiligen Schrift hinzuweisen. Wegen des Priesterjahres erwähnte der Papst auch die Opfertypolgie des Hebräerbriefes (vgl. Hebr 9,11–14).

Abbildung 5:
Papst Benedikt XVI. und Erz-
bischof Wolfgang Haas
(Foto: Servizio Fotografico del
L'Osservatore Romano)

---

[41] Vgl. URL: https://w2.vatican.va/content/benedict-xvi/de/angelus/2009/documents/hf_ben-xvi_ang_20090705.html

Schließlich rief Benedikt XVI. die Stelle vom Blut des Abel, welches zum Himmel schreit, aus Gen 4,10 in Erinnerung und fragte: „Und leider ist – heute wie gestern – dieser Schrei nicht verstummt, da weiterhin aufgrund von Gewalt, Ungerechtigkeit und Hass menschliches Blut fließt. Wann werden die Menschen lernen, dass das Leben unantastbar ist und allein Gott gehört? Wann werden sie verstehen, dass wir alle Brüder sind?" Der Papst hatte hier ganz eindeutig die Bedeutung des Blutes als Lebensträger, die allein der Verfügungsmacht Gottes untersteht, vor Augen. In seiner Antwort verwies er auf die rettende Kraft des Erlöserblutes: „Auf den Schrei aufgrund des vergossenen Blutes, der sich aus so vielen Teilen der Erde erhebt, antwortet Gott mit dem Blut seines Sohnes, der das Leben für uns hingegeben hat. Christus hat nicht das Böse mit Bösem vergolten, sondern mit dem Guten, mit seiner unendlichen Liebe. Das Blut Christi ist Unterpfand der treuen Liebe Gottes zur Menschheit. Den Blick fest auf die Wundmale des Gekreuzigten gerichtet, kann jeder Mensch auch im Zustand äußersten moralischen Elends sagen: Gott hat mich nicht verlassen, er liebt mich, er hat sein Leben für mich hingegeben; und so kann er wieder Hoffnung finden." Wie Pius XII. betonte auch dieser Papst die hoffnungsvermittelnde Perspektive des Blutes Christi. Dies ist bis heute eine für uns alle trostreiche Botschaft, gerade dann, wenn uns in unserem Leben das Leid zu erdrücken scheint. Der Blick auf Jesu Wunden und sein Blutvergießen gibt uns Kraft, unser eigenes Leid besser zu ertragen. Denn wir wissen, dass ER uns gerade hierin ganz nahe ist.

Papst Franziskus: Die solidarische Dimension des Blutes Jesu

Auch Papst Franziskus ist ein Verehrer des kostbaren Blutes Christi. Bereits in seiner Programmschrift *Evangelii gaudium* wies er in Nr. 178 auf die solidarische Komponente des Blutvergießens Jesu hin: „Einen himmlischen Vater zu bekennen, der jeden einzelnen Menschen unendlich liebt, schließt die Entdeckung ein, dass er ‚ihm dadurch unendliche Würde verleiht'. Bekennen, dass der Sohn Gottes unser menschliches Fleisch angenommen hat, bedeutet, dass jeder Mensch bis zum Herzen Gottes erhöht worden ist. Bekennen, dass Jesus sein Blut für uns vergossen hat, hindert uns, auch nur den kleinsten Zweifel an der grenzenlosen Liebe zu bewahren, die jeden Menschen adelt. Seine Erlösung hat eine soziale Bedeutung, denn ‚Gott erlöst in Christus nicht nur die Einzelperson, sondern auch die sozialen Beziehungen zwischen den Menschen.'"[42] Durch das Blutvergießen Jesu sind alle Menschen geadelt.[43] Daraus folgt, dass wir diese große Würde eines jeden Menschen auch bei der Ausgestaltung der sozialen und wirtschaftlichen Verhältnisse umso mehr beachten müssen. Die Würde des Menschen hat im Blute Jesu eine Fundierung erlangt, die auch in unserer Beziehung zu den Mitmenschen eine Ausstrahlungswirkung erfahren muss. Diese klare Betonung des sozialen Zusammenhangs ist sicher ein neuer Akzent in der päpstlichen Lehrverkündigung. Sie zeigt sehr schön, dass nach christlichem Verständnis die Menschenwürde eben kein Selbstzweck, kein innerweltlicher Wert ist, sondern im Heilsgeschehen der Erlösung wurzelt.

Zudem hat sich der jetzige Papst auf der Insel Kuba während der Angelusansprache am 20.09.2015 in zweifacher Hinsicht auf das kostbare Blut bezogen.[44] Zunächst verwies er auf den Empfang des eucharistischen Blutes Christi und der Hilfe Mariens, wodurch wir befähigt werden, gerade gegenüber dem leidenden Mitmenschen solidarisch zu sein:

---

[42] Zit. nach URL http://w2.vatican.va/content/francesco/de/apost_exhortations/documents/papa-francesco_esortazione-ap_20131124_evangelii-gaudium.html

[43] Dies ist ein Gedanke, den auch schon *Pius XII.* (s. o.) formuliert hat.

[44] Zit. nach URL http://de.radiovaticana.va/news/2015/09/20/papstworte_zum_angelus_in_havanna/1173231

„Im Evangelium haben wir gehört, wie die Jünger Angst hatten, Jesus zu fragen, als er zu ihnen von seiner Passion und seinem Tod sprach. Es erschreckte sie und sie konnten den Gedanken, Jesus am Kreuz leiden zu sehen, nicht fassen. Auch wir sind versucht, vor unseren eigenen Kreuzen und denen der anderen zu fliehen und uns von denen, die leiden, fernzuhalten. Zum Abschluss der heiligen Messe, in der Jesus sich uns erneut mit seinem Leib und seinem Blut hingegeben hat, wenden wir nun unsere Augen der Jungfrau, unserer Mutter, zu. Und wir bitten sie, uns zu lehren, beim Kreuz des leidenden Bruders und der leidenden Schwester auszuharren. Dass wir lernen, Jesus in jedem Menschen zu sehen, der auf dem Weg des Lebens liegen geblieben ist; in jedem Mitmenschen, der Hunger oder Durst hat, der nackt oder im Gefängnis oder krank ist. Gemeinsam mit der Mutter, unter dem Kreuz, können wir erkennen, wer wirklich ‚der Größte‘ ist und was es bedeutet, mit dem Herrn verbunden zu sein und an seiner Herrlichkeit teilzuhaben.“

Zudem bat er Gott im Hinblick auf die schwierigen Friedensverhandlungen in Kolumbien: „Möge das Blut Tausender Unschuldiger, das während so vieler Jahrzehnte des bewaffneten Konflikts vergossen wurde, gemeinsam mit dem Blut des Herrn Jesus Christus am Kreuz alle Anstrengungen unterstützen, die jetzt – sogar auf dieser schönen Insel – unternommen werden für eine endgültige Versöhnung!“ Hieraus lässt sich wieder eine klare theologische Aussage entnehmen: Jedes Blutvergießen unschuldiger Menschen ist umfasst von dem unschuldigsten Blut, was je vergossen worden ist, dem Blute Jesu. Durch diese Tat ist Jesus der ganz Mitleidende, der solidarische Gottmensch, der alles Leid der Welt geteilt hat. Hieraus kann jeder leidende Mensch große Kraft schöpfen.

Zusammenfassung

Der Blick in die letzten Jahrzehnte päpstlicher Verkündigung zeigt klar und deutlich, dass wir es hier nicht mit einem Randthema zu tun haben. Auf ganz verschiedene Weise und angesichts der jeweiligen Zeitumstände haben die Päpste es verstanden, den Menschen immer wieder neu die Botschaft vom kostbaren Blut anschaulich vor Augen zu führen. Umso erstaunlicher ist es, wie wenig wir heute auf ortskirchlicher Ebene in der Verkündigung von dieser Botschaft hören. Machen wir uns nach dieser Vergegenwärtigung verschiedener päpstlicher Aussagen über das kostbare Blut klar, dass es für die ganze Kirche und ihre moralische Glaubwürdigkeit unentbehrlich sein wird, wieder mehr diese Andacht zu üben und das Leben eines jeden Christen danach auszurichten. Durch die Verehrung des Blutes Christi können wir uns selbst immer wieder neu bekehren und tugendhafte Menschen werden. Das Beispiel der Hingabe Jesu und dessen Betrachtung wird unser Leben verändern.

Das kostbare Blut Jesu Christi
in der Liturgie der Kirche

Nun kommen wir zu der Frage, welche liturgische Resonanz dieses in Schrift und Tradition so eingehend reflektierte theologische Thema gefunden hat. Denn es war immer die Überzeugung der Kirche, dass das Gesetz des Betens, die *lex orandi*, dem Gesetz des Glaubens, der *lex credendi*, zu folgen und zu entsprechen hat. Liturgie ist ja nichts anderes als das vom Volk Gottes zur Ehre Gottes gefeierte Credo.

Vorbemerkung: Liturgischer Reformbedarf

Bevor wir einen Blick in die geschichtliche Entwicklung des Blut-Christi-Festes und dessen liturgische Ausgestaltung in den Messformularen der römischen Liturgie werfen, sei mir eine Vorbemerkung gestattet: Gerade bezüglich des liturgischen Gedenkens des Blutmysteriums des Erlösers ist es in der Nachkonzilszeit bei vielen Gläubigen und Priestern zu einer Verletzung gekommen, da im erneuerten Ritus das eigenständige „Hochfest vom Kostbaren Blut Jesu Christi" dem „Rotstift der Liturgiereformer"[45] zum Opfer gefallen ist. Das einstmals eigenständige Fest ging komplett in den Gehalt des Fronleichnamsfestes mit der *bloßen* Namenserweiterung von „Hochfest des Leibes Jesu Christi" zu „Hochfest des Leibes *und Blutes* Jesu Christi" auf. Dies erfolgte mit der nicht überzeugenden Begründung, dass dieses Fest im Festgeheimnis des Fronleichnamstags enthalten sei. Hierdurch wird das Festgeheimnis auf seinen eucharistischen Gehalt reduziert. Wir haben bereits in den vorstehenden Kapiteln gesehen, wie reich der Inhalt dieses Geheimnisses

---

[45] So zutreffend Pater *B. Deneke*, Informationsblatt 07/2016 der Petrusbruderschaft.

ist. So wird durch diese Neuerung vor allem die soteriologische Seite mit den Motiven von Sühne, Opfer und Genugtuung am Kreuz ausgeblendet.[46] Hinzu kommt hier die Durchschaubarkeit einer halbherzigen Reform, die gerade diese Themen ausblenden wollte. Denn hätten die Reformer hier in ihrem Sinne konsequent gehandelt, dann dürfte es auch kein Fronleichnams- und Herz-Jesu-Fest mehr geben. Denn diese Mysterien werden doch bereits in der Liturgie des Gründonnerstags und des Karfreitags bedacht. Gut, dass es hier an der Konsequenz gefehlt hat.

Dieses Denken ist unorganisch, weil es die inneren und tiefen Zusammenhänge der liturgischen Feste verkennt: Die Kirche hat es in großartiger Weise verstanden, die Festinhalte des österlichen Triduums nach dem endgültigen Abschluss des Osterfestkreises am Dreifaltigkeitssonntag erneut, und zwar jetzt gestärkt mit dem Pfingstgeist, feierlich auf „äußerliche Weise" zu begehen. Der Gründonnerstag ist überschattet vom Leiden des Herrn. So bedurfte es eines unbeschwerten und feierlichen Rahmens, um der Einsetzung des Altarsakraments zu gedenken. So entstand das Fronleichnamsfest. Der Karfreitag wird in der Stille der Trauer begangen. Im Juni und Juli wird mit den Motivfesten des Herz-Jesu- und des Blut-Christi-Festes das Erlösungswerk Christi glanzvoll in das Licht der liturgischen Feier erhoben. Jetzt, nach Pfingsten, wo die Türen der Jünger nicht mehr aus Angst verschlossen sind (vgl. Joh 20,19), macht sich die Jüngerschar auf in die Welt und feiert den Glanz, den Jesus mit seiner Erlösungstat der Welt geschenkt hat. Diese Gedanken zeigen doch schon sehr deutlich, wie sehr diese liturgische Doppelung ihre Rechtfertigung gehabt hat.

---

[46] Die modernistische Theologie hat hier offenkundig ganze Arbeit geleistet. Vgl. zum Ganzen die kritische Analyse der Feststreichung inkl. der Motive der Neuerung durch *W. Hoeres*, Sein heiliges Blut – das verratene Festgeheimnis –, in: Theologisches 31 (2001), Nr. 9, Sp. 371–376. Dieser Aufsatz ist informativ und lesenswert.

Erst das *Motu proprio „Summorum Pontificium"*[47] von Papst Benedikt XVI. aus dem Jahr 2007 hat hier eine erste Kurskorrektur gebracht: Endlich darf wieder, ganz offiziell, im Rahmen der außerordentlichen Form der Liturgie das Hochfest *„Pretiosissimi Sanguinis Domini nostri Jesu Christi"* am 1. Juli in der gesamten Kirche begangen werden. Zuvor war dies lediglich den Ordensgemeinschaften vorbehalten, die dieses Fest als Eigenfest bewahrt haben. Allerdings haben wir dadurch am 1. Juli jeden Jahres jetzt folgende kuriose Situation in unserer Kirche: Die Gläubigen, die die heilige Messe an diesem Tag in der ordentlichen Form der Liturgie feiern, kommen nur dann in den Mitvollzug dieses Festgeheimnisses, wenn der zelebrierende Priester die Votivmesse vom kostbaren Blut wählt. In meiner jahrzehntelangen, wenn möglich täglichen, Messbesuchspraxis habe ich diese Votivmesse noch nie mitfeiern dürfen. Demgegenüber feiern die Gläubigen, die die heilige Messe in der außerordentlichen Form besuchen, an diesem Tag das Hochfest vom kostbaren Blut Jesu Christi. Für die anderen ist es ein ganz normaler liturgischer Werktag. Und genau dies führt dann zu einer Spaltung der Liturgie, die ja eben nach dem eingangs angeführten *Motu proprio* unter allen Umständen zu vermeiden ist. Aus diesem Grunde sehe ich hier einen dringenden Reformbedarf, der am Schluss dieses Kapitels auch als Postulat formuliert werden soll.

Liturgiegeschichtlicher Überblick

Die Anfänge der liturgischen Ausformung eines eigenständigen Festes zu Ehren des kostbaren Blutes Christi liegen bereits im 10. Jahrhundert.[48] So ist bereits um 925 in der berühmten Reichsabtei Reichenau

---

[47] Vgl. den Text bei URL https://w2.vatican.va/content/benedict-xvi/de/motu_proprio/documents/hf_ben-xvi_motu-proprio_20070707_summorum-pontificum.html

[48] Zur Liturgiegeschichte des Festes vgl. *A. Schott, (Hg.)*, Das vollständige römische Messbuch. Lateinisch-deutsch. Nachdruck der SCHOTT-Ausgabe aus dem Jahr 1962, Opfenbach-Wigratzbad 2007, S. 931f. (zukünftig zit. *als SCHOTT [alte*

ein solches Fest nachzuweisen. Hintergrund ist die bis heute dort verehrte Blut-Christi-Reliquie, die in diesem Jahr dem Kloster geschenkt worden ist. Wichtige Anstöße kamen dann bis ins 15. Jahrhundert von den von Kreuzfahrern aus dem Osten in das Abendland herbeigebrachten Blut-Reliquien der Passion des Herrn, so z. B. in Mantua, Brügge und Weingarten. Weitere Heilig-Blut-Wallfahrten mit daraus entstandenen Festoffizien kamen europaweit vor allem im Spätmittelalter an einigen Orten aufgrund der eucharistischen Hostienwunder auf. Anfangs hingen die lokalen liturgischen Feiern eindeutig von einem ganz konkreten Reliquienkult ab.

Erst in der Zeit des Spätbarocks im 17. und 18. Jahrhundert verbreitete sich dieses Fest auch in einigen Diözesen der Kirche unabhängig von der Reliquienverehrung. Anfang des 19. Jahrhunderts entstanden dann verschiedene Ordensgemeinschaften, die sich besonders dieser Devotion annahmen. Einer der Hauptakteure war der hl. Kaspar del Bufalo, der im Jahr 1815 den Orden der Missionare vom kostbaren Blut, nach dem italienischen Wort für Blut auch Sanguinisten genannt, gründete. 1837 gründete er zusammen mit Maria de Mattias die Schwestern von der Anbetung des kostbaren Blutes. Diese Bewegungen forderten beim Heiligen Stuhl eine stärkere liturgische Beachtung im Kirchenjahr für dieses Festmotiv.

So führte der selige Papst Pius IX. 1849 nach seiner Rückkehr aus dem Exil in Gaëta das Fest für die ganze katholische Kirche ein und bestimmte als Termin den 10. August. So wurde dieses Fest gestiftet als Dank des Heiligen Vaters für die wiedergewonnene Freiheit des Apostolischen Stuhls, ja der ganzen Kirche. Der Papst hatte hier sicher den Blick seiner Herde auf die befreiende Wirkung des kostbaren Blutes richten wollen.

Ordnung], S.); M. Ramm, Volksmissale. Das vollständige römische Messbuch nach der Ordnung von 1962 lateinisch/deutsch, Thawil 2015, S. 291 S (zukünftig zit. als RAMM, S.).

Der hl. Papst Pius X. verlegte den Termin auf den 1. Juli. Hintergrund ist die bereits erwähnte Nähe zum Herz-Jesu-Hochfest. So wurde in der katholischen Volksfrömmigkeit der Juni zum Herz-Jesu- und der Juli zum Blut-Christi-Monat. Papst Pius XI. erhob dieses Fest dann anlässlich des Jubiläumsjahres der Erlösung im Jahr 1933 zum Fest 1. Klasse, zum Hochfest. Bei der Reform des römischen Kalenders 1969 wurde das Fest unter dem Pontifikat Pauls VI. gestrichen, weil sein Inhalt schon mit dem Fest Fronleichnam gefeiert werde. Es blieb allerdings die Möglichkeit, fakultativ an diesem Tag die Votivmesse vom kostbaren Blut zu feiern.

Erst mit der grundsätzlichen Wiederbelebung des sogenannten Tridentinischen Messritus unter Papst Benedikt XVI. wurde dieses Festgeheimnis, jedenfalls für die außerordentliche Form der römischen Liturgie, wieder aus der liturgischen Versenkung geholt. Dadurch konnte seit 2007 langsam, aber sicher wieder in Teilen des katholischen Volkes ein erneuertes Bewusstsein über die damit verbundene Verehrung des Blutes Christi im Monat Juli geschaffen werden. Gott Dank ist dieses Thema in der Liturgie der Kirche wieder als eigenständiges Festmysterium lebendig und präsent.

Das kostbare Blut im Messritus der außerordentlichen Form der Liturgie

Wenden wir uns nun den Texten des Messformulars des „Festes des kostbaren Blutes unseres Herrn Jesus Christus – 1. Klasse – rot"[49] aus dem Missale von 1962 zu. Bereits in der Einführung wird die zutreffende Verhältnisbestimmung zu den anderen Festen (Karfreitag, Fronleichnam und Herz-Jesu-Hochfest) vorgenommen: „Karfreitag und Fronleichnamsfest haben uns schon zu den Quellkammern des Opferblutes

---

[49] Vgl. hierzu jeweils den Abdruck des Messformulars im *SCHOTT (alte Ordnung)*, S. 931–935; im *RAMM*, S. 291S–295S. Zudem vgl. hierzu D. Otto, Der Neue Bund in Meinem Blut. Messbetrachtung und Novene zum Kostbaren Blut Jesu, Jestetten 2013.

Christi geführt, auch das Herz-Jesu-Fest hat uns die Herzwunde des Erlösers gezeigt. Um uns aber noch mehr auf den unerschöpflichen Wert des heiligen Erlöserblutes hinzuweisen, hat Papst Pius IX. (…) das Fest zu Ehren des heiligsten Blutes im Jahr 1849 angeordnet."[50] Wegen der Unermesslichkeit des Wertes, den dieser Kaufpreis der Erlösung hat, können wir uns nicht oft genug diesem großen Geheimnisses voller Dankbarkeit nähern. Dann umschreibt die Einleitung zutreffend den primär soteriologischen Festgehalt des Festes, welches natürlich auch die eucharistische Dimension mit einschließt. Vor dem Hintergrund dieser Inhaltsbestimmung erscheint die Streichung unter Aufnahme in das Fronleichnamsfest wirklich nicht gerechtfertigt zu sein. In der neuen Ordnung fehlt nun das primäre Gedenken an die Erlösungstat des Herrn: „Beten wir schon in jeder heiligen Messe das kostbare Blut bei der Wandlung an, so danken wir heute bei der gemeinsamen Opferfeier freudig im Introitus (vgl. Offb 5,9–10) für die Erlösung, die uns der göttliche Heiland durch die Vergießung seines Blutes (Epistula, vgl. Hebr 9,11–15) zuteilwerden ließ. Das Ausströmen von Wasser und Blut aus der Seite (Evangelium, vgl. Joh 19,30–35) ist für uns das sicherste Zeichen der gottmenschlichen Erlösung (Graduale, vgl. 1 Joh 5,6 u. 7–8). Dasselbe heilige Blut fließt beim heiligen Opfer auf unsern Altären (Offertorium, 1 Kor 10,16). Am Ende der Tage wird der göttliche Heiland wiederkehren, er, der sich uns im Opfer der heiligen Messe schenkt (Communio, vgl. Hebr 9,28)."[51] Auch die in dieser Messe verwendeten Schriftzitate des Ordinariums und die Texte der Wortverkündigung bringen klar und unmissverständlich die inhaltliche Doppelung und soteriologische Schwerpunktsetzung zum Ausdruck. Insbesondere der Eingangsvers, der uns wie ein Türöffner in das Tagesmysterium hineingehen lässt, deutet unmissverständlich an, worum es bei dieser

---

[50] *SCHOTT (alte Ordnung)*, S. 931.

[51] Ebd., S. 931f.; die Angaben der jeweiligen Bibelstellen wurden vom Verf. ergänzt.

heiligen Messe geht: „Herr, Du hast uns mit Deinem Blute erkauft aus allen Stämmen, Sprachen, Völkern und Nationen und hast uns zum Königreich gemacht für unseren Gott. Des Herrn Barmherzigkeit will ich besingen ewiglich, will von Geschlecht zu Geschlecht mit meinem Munde Deine Treu künden."[52] Dieses Fest will unser Augenmerk primär auf den Kaufpreis unseres Heils, auf unsere Erlösung, richten. So betet der Priester im Tagesgebet: „Allmächtiger, ewiger Gott, Du hast Deinen eingeborenen Sohn zum Erlöser der Welt eingesetzt und wolltest durch Sein Blut Dich versöhnen lassen; so lass uns denn, wir bitten Dich, den Lösepreis unsres Heils (in festlicher Feier) verehren und durch seine Kraft vor den Übeln dieses Lebens auf Erden beschirmt werden, sodass wir uns im Himmel ewig seiner Frucht erfreuen dürfen. Durch Ihn, unsern Herrn."[53]

Angesichts dieses Textbefundes erscheint es nicht nachvollziehbar, wieso die Liturgiereformer den eigenständigen Gehalt dieses Festes offenkundig nicht mehr anerkennen wollten. Freilich gibt es zwischen dem Fronleichnamsfest und diesem Festtag aufgrund der Betrachtung der Heilsmysterien Christi eine große Schnittmenge. Allerdings fehlt heute in der neuen Ordnung ein Festtag, der uns an den unendlichen Preis unserer Erlösung mit großer Dankbarkeit erinnert. Dieser soteriologische Aspekt ist schließlich in dieser Messfeier der Hauptgegenstand. Zudem werden in diesen Texten die Aspekte der Sühne, des Opfers und der Genugtuung klar und deutlich zum Ausdruck gebracht.

---

[52] Ebd., S. 932.
[53] Ebd.

Das kostbare Blut im Messritus der ordentlichen Form der Liturgie

Der „neue" Ritus kennt lediglich noch das Vorhandensein einer Votivmesse „vom kostbaren Blut unseres Herrn Jesus Christus" [54]. Die liturgische Farbe ist nach wie vor rot. Hier wird weiter die Zeichenhaftigkeit der Farbe für das Blut Christi anerkannt. Die Messe beginnt mit demselben Introitusvers wie in der alten Form (vgl. Offb 5,9–10). Die Tagesoration ist gegenüber der alten Fassung deutlich abgemildert. Die Wendung „zum Erlöser der Welt eingesetzt", der Aspekt der „Versöhnung mit Gott durch das Blut Jesu Christi" und der Ausdruck „Lösepreis unseres Heils" finden sich in der neuen Oration nicht mehr oder nur noch in einer allgemeineren Umschreibung. Auch die Sehnsucht nach dem Himmel wird dort nicht mehr zum Ausdruck gebracht. Demgegenüber findet sich am Ende der Oration nun ein eindeutig eucharistischer Bezug: „Barmherziger Gott, durch das kostbare Blut deines Sohnes hast du die ganze Menschheit erlöst. Bewahre in uns, was dein Erbarmen gewirkt hat, und schenke uns immer neu die Frucht der Erlösung, sooft wir das Geheimnis unseres Heiles feiern. Darum bitten wir durch Jesus Christus." [55] Man kann anhand der Umformulierung der Oration bereits erkennen, dass auch bei der Votivmesse der Akzent mehr auf die eucharistische Komponente gelegt wird. Zudem werden die zuvor eindeutig sühnetheologischen Begriffe nur in einer vagen Umschreibung gebraucht. Der theologische Perspektivenwechsel ist offenkundig. Das zeigt sich auch bei der Auswahl der Evangelientexte: Hier kann nun die Einsetzung des Abendmahls nach Mk 14 oder das – wie in der „alten" Liturgie – von der geöffneten Seite Jesu aus Joh 19 gewählt werden. Die vorgeschlagenen Lesungstexte passen allerdings durchweg gut zum Motiv der Votivmesse: Als erste Lesung

---

[54] Vgl. das Messformular in: *Schott-Messbuch für verschiedene Anlässe*, Bd. 3, Freiburg i. Brsg. 1986, S. 1633–1642.

[55] Ebd., S. 1634.

wird die Stiftung des Sinaibundes aus Ex 24 oder die Vision der Reinwaschung der Gewänder im Blut des Lammes aus Offb 7 vorgeschlagen. Als zweite Lesung wird der *locus classicus* zum Thema vom Wert des Kaufpreises der Erlösung aus 1 Petr 1,17–21 vorgeschlagen. Die weiteren Orationen (Gabengebet und zwei zur Wahl stehende Schlussgebete) greifen das Motiv mit klaren Schriftbezügen zum Thema auf. Inhaltlich und in den Formulierungen sind diese Gebete schön ausgestaltet.[56]

Insgesamt können wir froh sein, dass es überhaupt noch eine solche Votivmesse in den offiziellen liturgischen Büchern der nachkonziliaren Ordnung gibt. Eine gewisse Kontinuität ist zudem noch auszumachen. Es wäre schön, wenn die Direktorien der Diözesen wieder am 1. Juli ausdrücklich auf die Möglichkeit dieser Votivmesse hinweisen würden. Auch dies wäre derzeit ein gangbarer Weg, die Verehrung des kostbaren Blutes auch in der „neuen" Liturgie schon jetzt wieder stärker zu fördern. Zudem könnte man an den Freitagen, die nicht anderweitig liturgisch geprägt sind, die Votivmesse zum kostbaren Blut ab und an wählen. Meine Gespräche mit Geistlichen haben gezeigt, dass viele Priester gar nicht von der Möglichkeit dieser Votivmesse wissen. Hier scheint offenkundig auch ein Mangel in der liturgischen Ausbildung zu bestehen. Es wäre schön, wenn in den Liturgievorlesungen mehr liturgievergleichend gearbeitet würde und der Reichtum der möglichen Votivmessen wieder behandelt wird. Das *Motu proprio* legt eine solche Vorgehensweise doch durchaus nahe.

Plädoyer für eine Reform der Reform: Ehrt wieder das kostbare Blut Christi!

Die derzeit bestehende liturgische Differenz zwischen dem ordentlichen und außerordentlichen Ritus ist meines Erachtens kein auf Dauer hinnehmbarer Zustand. Es kann nicht sein, dass ein nach Schrift und

---

[56] Vgl. ebd., S.1641f..

Tradition so wichtiges Glaubensgeheimnis nur noch in der „Nische der Tradition" Beachtung findet. Die Betrachtung des kostbaren Blutes Jesu Christi ist für die gesamte Kirche lebensnotwendig. Denn nur durch das Vor-Augen-Stellen der Hingabe Jesu durch sein Blutvergießen am Kreuz wird uns allen klar, was der Herr wirklich für uns getan hat. Aus dieser Betrachtung, darauf haben ja auch die Päpste der letzten Jahrzehnte immer wieder hingewiesen, entsteht auch bei uns der Mut zur Hingabe. In einer Zeit zunehmender Konsumorientierung und Erfolgstrimmung erscheint dieses Festgeheimnis auch neu als Weg, wieder mehr zur Demut, zum Verzicht und zum Dienen im eigenen Leben zurückzufinden.

In den letzten Jahrzehnten sind – bedingt durch den medizinischen Fortschritt – zudem weitere Bilder auf uns zugekommen, die uns helfen können, dieses Geheimnis auf neue Weise zu veranschaulichen. Die Blutspende als Hilfsmittel für das Überleben vieler Menschen ist vielen ein Begriff. Ebenso die Methode der Dialyse bei Nierenkranken, denen das Blut durch aufwendige medizinische Technik in regelmäßigen Abständen gewaschen wird, damit sie überleben können. Ist die Gabe des Blutes Christi nicht auch für uns an der Seele kranke Menschen das Mittel der Seelenhygiene?

Ebenso ist die Verehrung des Blutes Christi eine großartige Erwiderung gegenüber allen rassistischen und völkischen Blutideologien, die vor allem im letzten Jahrhundert viel Elend über Europa gebracht haben. Aber auch in jüngster Gegenwart finden wir Politiker, die Menschen herabwürdigen, weil sie „verunreinigtes Blut"[57] hätten. Ein solches Denken ist uns Christen fremd. Wir alle haben durch die Sakramente Anteil am Blutstrom des kostbaren Blutes. Alle Völker und Nationen haben Anteil

---

[57] So jüngst der türkische Präsident Erdogan über türkischstämmige Abgeordnete des Deutschen Bundestags, die der Armenienresolution des Deutschen Parlaments zugestimmt haben.

am Heilswillen des Heilands. Jedweder Rassismus ist uns, die wir im Bad der Taufe wiedergeboren und von der Erbsünde im Blute Christi reingewaschen worden sind, zutiefst zuwider. Ein solches Denken widerspricht der Hingabe Christi im Kern.

Zudem kann diese Devotion ein Anlass sein, die ganze Kirche tiefer an das große Geheimnis der Sakramente zu erinnern. Die Sakramente sind doch die Kanäle des kostbaren Blutes, die uns das übernatürliche Leben in und mit Gott vermitteln. Gerade die Anbetung des Blutes Christi im Altarsakrament kann uns tiefer mit unserem Herrn verbinden. Nach alledem steht die Forderung an die kirchlichen Verantwortungsträger, insbesondere an den Heiligen Vater, das Fest des kostbaren Blutes wieder verbindlich für die ganze Kirche am 1. Juli einzuführen. Hl. Papst Johannes XXIII., bitte für den Petrus von heute, dass er im Sinne Deines Lehrschreibens über das kostbare Blut unseres Heilands die Verehrung dieses Geheimnisses wieder für die ganze Herde Christi in der liturgischen Feier dieses Hochfestes aufleben lässt!

Die Verehrung des kostbaren Blutes Jesu Christi im Leben von Heiligen

Das kostbare Blut Jesu Christi hat im wahrsten Sinne des Wortes auch und gerade bei den Menschen seine Spuren hinterlassen, die ihm auf besondere Weise nachgefolgt sind, bei den Heiligen. Machen wir uns nun auf diese Spurensuche. Solche Spuren sind auf mannigfache Weise in der Geschichte der Heiligen zu finden. Da haben wir das historische Blut unseres Erlösers, welches von Beginn an als kostbare Reliquie verehrt worden ist. Hierfür steht exemplarisch der heilige Longinus. Ohne diese wunderbare Tradition der Reliquienverehrung würde ein wichtiger Strang in der Heilig-Blut-Verehrung der Kirche bis heute fehlen.

Eine weiterer sichtbare Spur sind die Heiligen, die der Herr gewürdigt hat, seine Wundmale zu tragen. Diese Menschen sind so christusförmig geworden, dass sie selbst im Kreuzesleiden ihrem Herrn auch auf äußerliche Weise ähnlich wurden. Im Bluten ihrer Wunden spiegelt sich das Bluten der Wunden Jesu auf wunderbare Weise wider. Auch dieses Phänomen hat sicher ganz stark die Heilig-Blut-Verehrung beeinflusst. Es ist nachweisbar, dass seit dem ersten uns bekannten Auftreten einer Stigmatisation in der Kirchengeschichte, bei derjenigen des heiligen Franz von Assisi im 13. Jahrhundert, diese Devotion einen enormen Aufschwung erfahren hat.

Eine weitere Spur der Blut-Christi-Verehrung ist etwa parallel zu diesem Ereignis im Mittelalter zu sehen. Die Schaufrömmigkeit des Mittelalters und das Gnadenhandeln Gottes an verschiedenen Heiligen führten dazu, dass die Bedeutung des Altarsakraments in der Kirche noch einmal grundlegend neu erkannt und in seiner Fülle für das Glaubensleben der Kirche, insbesondere in der Liturgie, fruchtbar gemacht wurde. Höhepunkt dieser Bewegung ist die Einführung des Fronleichnamsfestes im 13. Jahrhundert. Im Umfeld der Entstehung dieses Festes und in der Folgezeit sind viele eucharistische Blutwunder bezeugt, die bis heute in der Wallfahrtspraxis der Kirche einen nicht zu unterschätzenden Impuls für die Verehrung des kostbaren Blutes in der Eucharistie gegeben haben.

Schließlich gibt es die Spur der Entdeckung der Verehrung des kostbaren Blutes als missionarischen Impuls für die ganze Kirche im Abwehrkampf gegen den aufziehenden Unglauben. Gerade die Zeit nach der Französischen Revolution im Jahr 1789 hat die alte Ordnung in Europa und damit auch die Selbstverständlichkeit der Menschen, in der Kirche an Jesus Christus zu glauben, bis ins Mark erschüttert. Nach und nach brach die alte Ordnung zusammen. Der Untergang des christlichen Kaiserreiches, des Heiligen Römischen Reichs Deutscher Nation, war hier nur ein sichtbares Zeichen dieses Untergangs. Nun tat es not, sich wieder neu an den Kern des christlichen Glaubens zu erinnern. Auf dieser Spur waren dann die Heiligen, die gerade in der Verehrung des kostbaren Blutes eine Möglichkeit sahen, die Menschen wieder neu für Christus zu gewinnen. Hier tritt der heilige Priester Kaspar del Bufalo als leuchtendes Beispiel ins Licht der Kirchengeschichte ein. Ihm haben wir die Gründung einiger Ordensgemeinschaften zu verdanken, die sich bis heute dieser Spiritualität besonders verpflichtet wissen. Machen wir uns also jetzt auf diese Spurensuche und spüren wir den zuvor skizzierten Stationen ein wenig nach.

Die Spur des Anfangs – Heiliger Longinus

Mit der Gestalt des Longinus begeben wir uns auf das gut bestellte Feld der Legende. Der große Hagiograf Walter Nigg war es, der den Mut hatte, den bleibenden Wert der Heiligenlegende für die Theologie und Verkündigung hervorzuheben. Mit der Aufklärung setzte gegen den Reichtum der Bilder in den Heiligenlegenden ein schrecklicher Bildersturm ein, der diese Erzählform in das Reich der Mythen und Märchen für immer als unglaubwürdig verbannen wollte. Wie viele Theologen sind in den letzten Jahrzehnten darauf reingefallen? Ja, selbst bei der Reform des römischen Kalenders kam es im Zuge der Liturgiereform zu gewissen Irritationen. Ganz andere Töne schlug in dieser Zeit der evangelische Kenner der Heiligen, Walter Nigg, an: „In der Legende findet eine Feier statt, sie errichtet den christlichen Gestalten einen Altar, vor dem der Leser niederknien muss. Sie ist von der Überzeugung getragen, dass die legendären Gestalten unsichtbar leben und nicht tot sind. Die Legenden sind die lebendigste Form geschichtlicher Überlieferung, die die Vergangenheit mit dem Heute verbindet. Sie gehören einem höheren Sein an und wissen um einen viel tieferen Sinn des Lebens."[58] Das ist auch der Verständnisschlüssel für die heute kaum noch bekannte Longinuslegende. Wir werden im „niggschen" Sinne sehen, wie tief der Sinn dieser Legende ist.

Abbildung 6: Mosaik des Longinus in der Kirche des Klosters Nea Moni auf Chios, 11. Jh.

---

[58] *W. Nigg*, Glanz der Legende. Eine Aufforderung, die Einfalt wieder zu lieben, Zürich 1964, S. 13f.

Die Heilige Schrift selbst nennt uns diese Gestalt nicht mit Namen. Sie bleibt vorerst im geheimnisvollen Dunkel des Anfangs unserer Glaubensgeschichte verborgen. Erst die Heiligenlegende stellt uns diese als Heiligen vor und identifiziert sie dann mit dem römischen Hauptmann unter dem Kreuz oder mit einem der Soldaten, der die Seite Jesu mit seiner Lanze öffnete (vgl. Joh 19,34).[59] Der Name ist ein sogenannter sprechender Name. Abgeleitet von dem griechischen Wort für Lanze (λόγχη = Longchä), erhielt er dann den latinisierten Namen Longinus, was dann wohl so viel heißt wie der Lanzenstecher oder Lanzenträger. So kennt ihn auch das Martyrologium Romanum.[60] Spätere Überlieferungen erzählen, dass Longinus blind war und durch einen Tropfen des Blutes Jesu, das auf seine Augen fiel, sehend wurde.[61] Weil ein Blinder kaum hätte Soldat werden können, wurde dies dahingehend erweitert, dass Longinus – versehentlich oder absichtlich, aus Scham – in dem Moment, als er bei Jesus zustach, auch sich selbst das Augenlicht ausstach und dann geheilt wurde. In weiteren Traditionen wurde Longinus gleichgesetzt mit dem Hauptmann unter dem Kreuz, der nach dem Tod Jesu bekennt, dass dieser der Sohn Gottes ist (vgl. Mk 15,39). Durch diese Gleichsetzung bekommt die Szenerie eine noch ganz andere Deu-

---

[59] Als Longinus wurde zunächst in den *Pilatusakten* aus dem 4. Jahrhundert der Soldat genannt, der Jesus mit seiner Lanze in die Seite stach.

[60] So heißt es unter dem Kalendertag 15. März: „Zu Cäsarea in Kappadózien das Leiden des heiligen Soldaten Longinus. Er hat, so wird berichtet, die Seite des Herrn mit einer Lanze durchbohrt" (zit. nach der Ausgabe: *Das Römische Martyrologium* – Übersetzt von den Benediktinern der Erzabtei Beuron, Nachdruck der unveränderten Neuauflage der Ausgabe von 1962, Bobingen 2015, S. 76). Im *Martyrologium Romanum* aus dem Jahr 2001 ist der Gedenktag auf den 16. Oktober festgelegt worden.

[61] So heißt es in der *Legenda aurea* wie folgt: „Wie es heißt, hat ihn am meisten zum Glauben bekehrt, dass das Blut Christi aus dem Lanzenstich zufällig auf seine Augen floss, die durch Krankheit oder Alter schwach geworden waren, und er sogleich wieder klar sehen konnte." Zit. nach der Ausgabe von *E. Weidinger (Hrsg.)*, Legenda aurea. Das Leben der Heiligen, Aschaffenburg 1986, S. 141.

tungsmöglichkeit: Der im Herzen blinde, weil ungläubige Hauptmann wird sehend im wahrsten Sinne des Wortes, indem er die volle Würde des Herrn erkennt und das Gottessohnbekenntnis über seine Lippen bringt. Durch das Getroffenwerden vom Blut Christi wird aus dem heidnischen Hauptmann ein Sehender und so ein gläubiger Bekenner Jesu Christi. Die Ineinssetzung von Sehend- und Gläubigwerden ist die Tiefenschicht dieser wunderbaren Legende. Und nun kommen auch wir ins Spiel: Auch wir können all unseren Unglauben vor den Gekreuzigten tragen und ihn bitten, dass er uns durch sein kostbares Blut sehend macht. Schon ist die Legende eine Leseanleitung für unser geistliches Leben. Schon trifft die Legende in die Wirklichkeit unseres Glaubensvollzugs und regt uns an, ein Longinus, ein Sehender, zu werden.[62]

Nach der *Legenda aurea* wandte sich Longinus nach diesem einschneidenden Bekehrungserlebnis vom Militärdienst ab und ließ sich von den Aposteln im Glauben unterweisen. Dann habe er 28 Jahre wie ein Mönch in Kappadokien gelebt und durch seine überzeugende Lebensweise und Verkündigung viele Menschen zum Glauben bekehrt. Sein Lebensende wird auf ganz ergreifende Weise so geschildert: „Zuletzt nahm ihn der Richter gefangen, und weil er nicht opfern wollte, ließ er ihm alle Zähne ausbrechen und die Zunge abschneiden. Longinus verlor aber dennoch dadurch die Sprache nicht, sondern nahm ein Beil und hieb alle Götzenbilder in Stücke. Dann rief er: ‚Jetzt werden wir sehen, ob sie Götter sind!‘ Die Teufel aber fuhren aus den Abbildern in den Richter und all seine Genossen; die wurden wahnsinnig und warfen sich bellend dem Longinus zu Füßen. Der sprach zu ihnen: ‚Weshalb wohnt ihr in den Götzenbildern?‘ Sie antworteten: ‚Wo der Name Christi nicht genannt wird und sein Kreuzzeichen nicht ist, dort ist unsere Wohnung.‘ Weil nun der Richter blind und wahnsinnig gewor-

---

[62] Ganz ähnlich ist es ja auch bei der Christophoruslegende: Wir alle sollen zu Christusträgern werden. Das ist der tiefe Sinn dieser Legende.

den war, sagte Longinus zu ihm: ‚Wisse, du kannst nur geheilt werden, wenn du mich tötest. Wenn ich durch deine Hand gestorben bin, werde ich für dich beten und für dich Gesundheit an Leib und Seele erwirken.' Da ließ ihn der Richter sogleich enthaupten; danach überkam ihn große Reue und er warf sich unter Tränen dem Leichnam zu Füßen. Alsbald empfing er wieder seine Gesundheit und sein Augenlicht und verbrachte sein Leben mit guten Werken."[63] Auch hier begegnet uns wieder die tiefe Aussage der Legende: Der Feind des Glaubens hat keine Macht über den Gläubigen. Selbst wenn man versucht, ihn sprachlos zu machen, bleibt seine Sprachfähigkeit im wahrsten Sinne des Wortes erhalten. Auch dann, wenn einem die Zunge abgeschnitten wird, kann der Heilige nicht aufhören, von der Einzigartigkeit und Wahrhaftigkeit des einen und wahren Gottes zu künden. Und: Der Heilige ist bereit, für das Heil seiner Peiniger sein Leben zu lassen, um selbst für diesen Fürsprache bei Gott einzulegen. Das ist die Tiefenschicht des Longinusmartyriums. Der einst blinde Longinus, der durch das Blut Christi sehend geworden ist, verschafft seinem Verfolger durch sein Blutvergießen das Augenlicht. So wird er zum *alter Christus*, zum anderen Christus.

Die Longinuslegende ist zugleich der Ursprung der Hl.-Blut-Reliquienverehrung in Europa. Nach der Überlieferung hat Longinus nach dem Wunder seiner Bekehrung in einem Kästchen Erde vom Kalvarienberg geborgen, welche mit dem Blut Jesu Christi getränkt worden ist. Diese Reliquie gelangte dann im Laufe der Geschichte bis in das italienische Mantua[64]. Dort kam es dann im Mittelalter zu einer Reliquienteilung mit der Folge, dass ein Teil dieser kostbaren Reliquie bis heute bei uns in Deutschland, nämlich im oberschwäbischen

---

[63] *Legenda aurea*, ebd., S. 141.
[64] Vgl. *K. Kolb*, Vom heiligen Blut, S. 29–32.

Weingarten[65], verehrt wird. Durch diese Reliquie wird unsere Legende greif- und sichtbar. Die Geschichte des sehend werdenden Lanzenträgers bleibt so konkret präsent bis in unsere Tage. In der Frömmigkeitsgeschichte der Heilig-Blut-Verehrung ist die Longinuslegende nicht wegzudenken. Sie ist eindeutig die Spur des Anfangs dieses für die Kirche so bedeutsamen Kultes.

Die Spur der Verwundung – Heilige Katharina von Siena

Kommen wir nun zu einer Heiligen, die von der Liebe Christi im wahrsten Sinne des Wortes verwundet war, zur hl. Katharina von Siena (1347–1380). Diese Heilige gehört in die Reihe der stigmatisieren Heiligen, die durch den Empfang der Wundmale Christi gewürdigt wurden, ganz tief mit dem Geheimnis der Passion verbunden zu sein. Sie ist gewiss eine der genialsten Gestalten der Kirchengeschichte. Ihre Frische und Jugendlichkeit, ihr Eifer und ihre Liebe sind bis heute noch zu spüren. War sie doch diejenige, die sich nicht scheute, auch den Papst an die ordentliche Wahrnehmung seines Amtes am Ort des Apostelgrabes zu erinnern und dies mit aller Wucht. So rief sie ihn mit prophetischen und mächtigen Worten auf, das Exil von Avignon zu verlassen und gefälligst nach Rom zurückzukehren. Katharina war sich darüber im Klaren, dass die Kirche eine *Ecclesia Romana* ist. An diesem konkreten Ort hat Gott seinen Stellvertreter eingesetzt, als Nachfolger Petri seine Herde zu leiten. Hintergrund dieses unermüdlichen Einsatzes war ihre tiefe Überzeugung von der Menschwerdung Gottes in Christus, die im Leben der sichtbaren Kirche ihre Verlängerung gefunden hat. Die konkrete Gestalt der Kirche war für Katharina letztlich nichts anderes als fortwährende Inkarnation. Darum darf die Kirche diese Gestalt auch nicht verlassen. All dies

---

[65] Vgl. hierzu bes. ebd., S. 20–28; *E. Schmid*, Basilika und Klosteranlage Weingarten, Schnell & Steiner Kunstführer Nr. 528, 38. Aufl., Regensburg 2016.

möge man zur weiteren Vertiefung in ihren Biografien[66] und Schriften nachlesen.

Hier geht es vor allem darum, was sie uns über die Bedeutung des kostbaren Blutes Jesu Christi zu sagen hat. Sie ist, wenn man so will, die große Künderin des Blutes Christi im Hochmittelalter. Auffällig ist vor allem in ihren Briefen – einige Kostproben sind uns schon im Vorwort dieses Buches begegnet – die ständige Rede vom Blut. So bemerkt die Expertin für mittelalterliche Mystik, L. Gnädinger, in ihrer Einleitung zum Briefcorpus unserer Heiligen zutreffend: „Beinahe jeden ihrer Briefe eröffnet sie ‚im kostbaren Blut‘ des Gottessohnes, was für sie nicht nur eine Floskel ist, sondern alle ihre Aussagen in den großen Zusammenhang des Erlösungswerkes Gottes stellen soll."[67] Bei ihr steht also die schon besprochene soteriologische Perspektive dieses Mysteriums klar im Vordergrund.

---

[66] Aus der Fülle der Literatur wird auf folgende Biografien hingewiesen: *M. Lohrum, M. M. Dörtelmann*, Katharina von Siena. Lehrerin der Kirche, 2. Aufl., Leipzig 1997; *M. Schlosser*, Katharina von Siena begegnen, Augsburg 2006; *M. Hesemann*, Stigmata. Sie tragen die Wundmale Christi, Güllesheim 2006, S. 109–131. Hingewiesen wird auch auf die Audienzansprache Papst *Benedikts XVI.* über die hl. Katharina von Siena in: Heilige und Selige. Große Frauengestalten des Mittelalters, Illertissen 2011, S. 99–107.

[67] *L. Gnädinger* (Hg.), Katharina von Siena. Briefe für die Erneuerung der Kirche, Kevelaer 2011, S. 30. Des Weiteren wird auf folgende Textsammlung verwiesen: *B. Gertz, A. Hoffmann*, Katharina von Siena. Ausgewählte Texte aus den Schriften einer großen Heiligen, Düsseldorf 1981.

Abbildung 7:
Katharina tauscht ihr Herz mit dem von Christus (Giovanni di Paolo, 1475)

Katharina sieht im Blut Jesu Christi den Inbegriff der selbstlosen Liebe, die uns aus unserer egoistischen Eigenliebe, ja aus dem andauernden Hang zur Sünde, zu befreien vermag. Daher wünscht sie den Adressaten ihrer Briefe, im Blute Christi versunken zu sein: „Ich, Katharina, Dienerin und Magd der Diener Jesu Christi, schreibe Euch in seinem kostbaren Blut, mit dem Wunsche, Euch untergetaucht und versunken zu sehen im Blute des Gottessohnes: in der Meinung, dass der Geist, sobald das Gedächtnis erfüllt ist vom Blute Christi des Gekreuzigten, sich anschickt, in dieses Gedächtnis zu blicken. Dort, wo er das Blut findet, dort sieht er das Feuer der göttlichen Liebe, der unschätzbaren, mit dem Blute vermischten und durchtränkten Liebe, weil es aus Liebe zu uns vergossen und geschenkt wurde. Der Wille folgt alsbald dem

Geiste, liebend und verlangend, was das Auge des Geistes erblickte. Und deshalb erhebt er seine Neigung und Liebe auf die Liebe Christi des Gekreuzigten, welche Liebe er, wie gesagt wurde, im Blut findet. Darauf versenkt sich die Seele in jenem Blute; sie vernichtet und ertötet nämlich ihren ganzen verderbten, sinnlich ausgerichteten Willen, der sich so oft gegen seinen Schöpfer erhebt. Und jede Eigenliebe wirft sie von sich und bekleidet sich mit Gottes ewigem Willen, welchen Willen die Seele geschmeckt und gefunden hatte im Blut. Denn das Blut zeigt ihr, dass Gott ihre Heiligung will: Denn hätte er etwas anderes gewollt, Gott hätte uns nicht das Wort seines eingeborenen Sohnes gegeben."[68] Das Blut ist für unsere Heilige das Reinigungsmittel unserer sündigen Seele. Im Betrachten der großen Liebestat Jesu am Kreuz, seines Blutvergießens für uns, kann unsere Seele erst in den Stand versetzt werden, von der Eigenliebe abzusehen. Für Katharina war es dementsprechend ganz selbstverständlich, dass man nur durch dieses „Blutbad" zum Heil gelangen kann. Dies ist umso bemerkenswerter, weil Katharina in den politischen Wirren des damaligen Europas um die vernichtende Dimension kriegerischer Blutbäder sehr anschaulich wusste. All diese Blutbäder haben ihre Ursache letztlich in der Sünde des Menschen. Erst durch das Blutbad des Gekreuzigten kann all diesem ein Ende gesetzt werden. Mit drastischen Worten wünschte sie daher, dass ihre Leser sich im Blute Christi baden mögen: „Denn im Blut verliert sich die Liebe zum eigenen Leben, zu dieser verkehrten Anhänglichkeit, die der Mensch sich selbst gegenüber hat, jene Liebe, die verhindert, dass Gerechtigkeit geschieht aus Furcht, die Stellung zu verlieren oder um den Menschen mehr entgegenzukommen und zu gefallen als Gott; sie verhindert die Vorgesetzten, nach dem Willen Gottes zu handeln. (…) Im Blute Christi verliert man diese Liebe und man erwirbt eine grenzenlose Liebe, da man erkennt, dass er aus Liebe uns sein Leben schenkte, um diesen Ad-

---

[68] Brief X., zit. nach *Gnädinger*, S. 74f.

optivsohn des Menschengeschlechts loszukaufen. (…) O glorreiches und kostbares Blut des demütigen und unbefleckten Lammes! Nun, wer wäre so uneinsichtig und hart, dass er das Gefäß des Herzens nicht ergriffe und mit Leibesneigung zur Seite des gekreuzigten Christus hinginge, die eine Blutfülle enthält und sie ausgießt? Drinnen in ihm finden wir Gott, nämlich die mit der Menschennatur vereinte Natur Gottes; wir entdecken das Feuer der Liebe, welche uns durch die Öffnung der Seite das Geheimnis seines Herzens offenbart."[69] Auf ganz tiefe Weise verbindet Katharina hier die Blut-Christi-Verehrung mit der des Herzens Jesu. Wir sollen gleichsam Wohnung nehmen im Herzen des Erlösers. Wir sollen auf sein Blut schauen, welches uns auf die selbstlose Liebe hinweist. Durch dieses Schauen, durch dieses Betrachten, verlieren wir unseren Hang zur Nabelschau, zum Egoismus. Katharina ist eine gute Psychologin. Sie weiß darum, dass der Mensch starke Bilder benötigt, um einsichtig werden zu können. Darum formuliert sie die Dinge auch so drastisch, ja für unsere Ohren schon fast unappetitlich. Offensichtlich sind wir heute auch durch die vielen Bilder von Gewalt und Terror auf den Fernsehbildschirmen und in anderen Medien so abgestumpft, dass wir dieses Bild vom blutenden Jesus gar nicht mehr an uns heranlassen können. Finden wir mit Katharina wieder zu dieser Fähigkeit, das Bild des blutenden Jesus als heilsame Medizin für unsere schwache und sündige Kreatur zu nutzen. Er ist ja der Arzt, der uns von den Wunden unserer Sündhaftigkeit heilen will.

Zudem ist Katharina mit ihren Worten ganz auf dem Boden von Schrift und Tradition. Ihre Bilder speisen sich aus den Stellen der Heiligen Schrift, die vom Blute des Erlösers sprechen. Sie weiß zudem von der Verbindung des Blutes Christi mit der zweiten göttlichen Person. All dies ist ihr präsent. Ihre Lehre ist keine Sonderlehre, sondern eine ganz ausdrucksstarke Reflexion dieses Mysteriums mit und in der Kirche. Alle

---

[69] Ebd., S. 78f.

Esoterik ist ihr fremd. Darum weist sie dann auch auf die Heilsmittel der Kirche hin, die einem mit dem Blut Christi in Verbindung bringen, auf die Sakramente. Ja, sie sieht in den Sakramenten selbst das Blut des Erlösers ganz reell gegenwärtig. Die Sakramente sind für Katharina gleichsam die Schatzkammern des Blutes Christi: „O süßes Wort, Sohn Gottes, du hast dieses Blut im Leib der heiligen Kirche hinterlegt, du willst, dass es uns durch die Hände deines Stellvertreters gereicht werde. Die Güte Gottes sorgt so für die Not des Menschen vor, denn täglich verliert er die Herrschaft über sich und beleidigt er seinen Schöpfer. Und darum setzte er das Heilmittel der heiligen Beichte ein, die ihre Kraft durch das Blut des Lammes hat. Er gibt sie Euch nicht einmal oder zweimal, sondern fortwährend. Deshalb ist ein Tor, wer sich vom Stellvertreter, der die Schlüssel des Blutes Jesu Christi, des Gekreuzigten, hält, entfernt oder gegen ihn wirkt. Wenn jener selbst ein Teufel wäre, dürfte ich mein Haupt nicht gegen ihn erheben, müsste mich vielmehr stets demütigen und das Blut aus Barmherzigkeit erbitten: Denn nur so könnt Ihr es erlangen und an der Frucht des Blutes teilhaben.“[70] Mögen uns diese Worte wieder neu dazu auffordern, den Wert des Beichtsakraments zu schätzen. Hier werden wir der befreienden Kraft des Blutes Christi gewahr. Wir alle haben dieses Sakrament nötig, ja es ist für unser Seelenheil lebensnotwendig. Das war die Überzeugung einer Katharina von Siena. Und sie weist in diesem Zusammenhang darauf hin, dass es hier keine Ausflüchte gibt. Selbst wenn der Sakramentsspender unglaubwürdig, ja völlig verdorben ist, haben wir diesen zum Sakramentsempfang mit aller Demut aufzusuchen, denn er hat die „Schlüssel des Blutes Jesu Christi“. Katharina trennt hier klar das Amt von der Person. Wie oft hören wir heute den Einwand, dass man doch nicht mehr zur Kirche gehen könne, weil so viele Priester und Bischöfe nicht im Geringsten das tun, was sie predigen oder predigen sollten. Für Katharina spielt dieser Einwand

---

[70] Brief IV., ebd., S. 47.

keine Rolle. Sie wusste um die Gegenwart des Blutes Jesu Christi in den Sakramenten. Dies stand für sie fest, komme, was da wolle. Daran gibt es nichts zu deuteln. Ihre Botschaft ist heute wieder ganz aktuell. Zudem können wir diese Worte auch für uns als Gewissenserforschung nehmen, ob wir bereit sind, das große Gnadengeschenk des Beichtsakramentes in unser Leben als Konstante einzubeziehen. Für Katharina ist dieses Sakrament wie eine „Blutdusche", die unsere Seele von dem Schlamm der Sünde zu reinigen vermag. Und nur dieses Heilsmittel ist dazu wirklich imstande!

Katharina scheute sich allerdings auch nicht, die Amtsträger in der Kirche aufzufordern, selbst ein Leben zu führen, welches sich des Rufes würdig erweist, der an diese ergangen ist. Selbst vor dem Papst machte unsere Heilige hier nicht halt. Sie war keine Frau, die sich mit den Missständen der Kirche ihrer Zeit abfinden konnte. Nein, auch die Amtsträger haben sich im Blute Christi immer wieder zu erneuern, um ihren Hirtenauftrag glaubwürdig erfüllen zu können. So schrieb sie an den damaligen Papst Gregor XI. folgenden Brandbrief in das Exil nach Avignon: „Ehrwürdiger Vater in Christus, dem süßen Jesus! Ich, Katharina, Eure unwürdige Tochter, Dienerin und Magd Jesu Christi, schreibe Euch in seinem kostbaren Blut, mit dem Wunsche, Euch als tapferen Mann ohne jede knechtische Furcht zu wissen, der vom liebsten und guten Jesus, dessen Stellvertreter er ist, lernt. [...] Seid verloren jeder Eigenliebe: Liebet Euch nicht um Euretwillen, noch einen Menschen um Euretwillen, sondern liebt Euch und den Nächsten um Gottes willen und Gott um Gottes willen, insofern er der Liebe würdig, da höchstes und ewiges Gut ist. Nehmt zum Vorbild jenes hingeschlachtete Lamm; denn das Blut dieses Lammes wird Euch zu jedem Kampf begeistern. Im Blute werdet ihr alle Furcht verlieren, werdet Ihr ein guter Hirte sein und bleiben und das Leben für Eure Schafe einsetzen."[71] Wer hät-

---

[71] Brief XXIX., ebd., S. 149f.

te heute noch den Mut, so freimütig und zugleich respektvoll einem kirchlichen Oberen entgegenzutreten, wie unsere Katharina es tat? Sie ermutigt den Papst, durch das Betrachten der Hingabe Jesu am Kreuz und das damit einhergehende Vergießen seines kostbaren Blutes Kraft und Mut zu schöpfen, seinen Auftrag wieder an Ort und Stelle, in Rom, wahrzunehmen. Für Katharina steht fest, dass wir angesichts des Blutes Christi die Tugend der Tapferkeit leben können. Das tapfere Erdulden des Gottessohnes in der Passion kann uns befähigen, selbst unser Lebenskreuz tapfer zu tragen.

Die hier vorgetragenen Zeugnisse Katharinas zu unserem Thema sind nur ein kleiner Ausschnitt ihrer Blut-Christi-Theologie, die uns in ihrem Schrifttum begegnet. Sie vermögen uns aber bereits deutlich ins Bild darüber zu setzen, worauf unsere Heilige hinauswill. Sie will uns in dem Schauen auf Gottes Heilstat, welches im Blutvergießen des Lammes anschaulich geworden ist, hinführen auf den Weg zur Heiligkeit. Für diese Botschaft kann die Kirche der mutigen Jungfrau aus Siena nur dankbar sein.

Die Spur der Gegenwart – Heiliger Thomas von Aquin

Schauen wir nun auf einen Heiligen, der die Lehre der Kirche mit seiner Theologie bis heute so sehr geprägt hat wie kein anderer, auf den hl. Thomas von Aquin (1225–1274)[72]. Auch dieser Heilige war ein großer Verehrer des kostbaren Blutes. Gerade seine Hymnen zum Fronleich-

---

[72] Aus der Fülle der Literatur wird auf folgende Literatur verwiesen: Besonders empfohlen sei die vorzügliche, ja mitunter durchaus auch humorvolle Biografie von *G. K. Chesterton*, Thomas von Aquin, 2. Aufl., Heidelberg 1957. Vgl. zudem *M.-D. Chenu OP*, Das Werk des hl. Thomas von Aquin, Die Deutsche Thomas-Ausgabe, 2. Ergänzungsband, Heidelberg1960; die drei Audienzansprachen über Thomas von Aquin (der Philosoph, der Theologe und der Lehrer) von Papst *Benedikt XVI.* in: *Ders.*, Lehrer des Glaubens. Franziskaner und Dominikaner, Illertissen 2012, S. 101–129.

namsfest spiegeln diese Haltung eindrucksvoll wider. Mit Thomas begegnet uns ein Mensch, der in mehrfacher Hinsicht fasziniert. Da ist der hochadelige Grafensohn, Neffe keines geringeren als des Kaisers Friedrich Barbarossa und Halbvetter von Kaiser Friedrich II., der den radikalen Weg der Nachfolge im gerade entstandenen Bettelorden der Dominikaner gehen wollte, dies ganz zum Ärgernis seiner stolzen italienischen Familie, insbesondere zum Leidwesen des Vaters. Dieser versuchte mit aller Macht, bis hin zum Einsperren in der heimischen Burg, diesen von dem Weg der Nachfolge in radikaler Armut abzubringen. Ohne Erfolg! Selbst die in die Zelle eingeschleuste Kurtisane vermochte unseren Bettelmönch nicht zu beeindrucken. Thomas blieb standhaft und ging seinen Weg. Zunächst wurde er als Student in Köln verkannt und mit dem Schimpfnamen eines „stummen Ochsens" belegt. Heute würde man von einem klassischen Mobbingopfer sprechen. Schließlich entdeckte ihn ein anderer großer Heiliger, der Dominikanerbischof und Professor Albertus Magnus, der recht schnell um das Talent seines Schülers wusste und gegenüber der Studentenschaft ausrief, dass dieser stumme Ochse noch macht- und kraftvoll vor aller Welt seine Stimme erheben werde. Genauso kam es dann auch: Vom Magister an der schon damals weltberühmten Pariser Universität Sorbonne und Autor großer Werke der Philosophie und Theologie zum *Doctor angelicus*, der uns immer noch etwas zu sagen hat. Thomas war ein Realist und ein Mann des positiven Denkens. In seinem Innersten herrschte eine tiefe Bewegtheit über das große Geheimnis der Inkarnation, der Menschwerdung Gottes in Christus. Diese Grundüberzeugung zeigte ihm, dass die Schöpfung, die sichtbare Welt, ja auch der Leib etwas an sich Gutes ist. Mit Weltverachtung und einer platonischen Weltsicht, die die Dominanz des Geistes verkündet, konnte unser Gelehrter nichts anfangen. Aus diesem Grunde entdeckte er im antiken Philosophen Aristoteles seinen Bündnispartner für eine positive Sicht der natürlichen Ordnung. Denn diese hat schließlich ihren Ursprung in dem unendlich guten Schöpfer. Diesem Heiligen haben wir bis heute eine Korrektur einer mitunter völlig fehlgeleiteten Theologie zu verdanken. Hier ist unser Lehrer dem Poverello aus Assisi ganz nahe. Seine theologischen Summen lesen sich im Grundtenor als kunstvoller Sonnengesang auf Gottes Schöpfung und Menschwerdung. Diese wenigen Schlaglichter mögen an dieser Stelle genügen.

Abbildung 8: Thomas von Aquin (Gemälde von Carlo Crivelli, 1476)

Vergegenwärtigen wir uns nun die Verehrung des kostbaren Blutes bei Thomas von Aquin: Hierbei wollen wir zunächst einen Blick auf die Entstehung des Fronleichnamsfestes richten, welches Thomas mit der Gestaltung des Festoffiziums aufgrund päpstlichen Auftrags durch seine tiefen eucharistischen Hymnen bereichert und so die Lehre der Kirche über das eucharistische Sakrament auf dichterische Weise zusammenge-fasst hat. Bis heute prägen diese Lieder zu Ehren des Altarsakramentes die Liturgie und die Volksfrömmigkeit der Kirche. Zwei Ereignisse führ-ten im dreizehnten Jahrhundert zur Einführung dieses Festes[73]: Zum einen waren da die Visionen der hl. Juliana von Lüttich (1193–1258). Im Jahr 1209 sah sie während der Anbetung vor dem Tabernakel den Mond mit einem dunklen Fleck. Dann wurde ihr geoffenbart, dass der Mond für das Kirchenjahr stehe. Der dunkle Fleck zeige an, dass es noch an einem wesentlichen Fest im Jahreslauf fehle: das Dank- und Sühne-fest zu Ehren des Allerheiligsten Altarsakraments. So kam es bereits im Jahr 1246 zur erstmaligen Feier dieses Festes im Bistum Lüttich. Das zweite Ereignis, welches schließlich zur Erweiterung der Feier für die ganze Kirche führte, ist das Blutwunder von Bolsena im Jahr 1263. Ein Priester zweifelte während der Feier des Messopfers an der Gegenwart des Herrn. Als er wie gewohnt die konsekrierte Hostie entzweibrach, floss plötzlich Blut hervor. Er sah, wie der rechte Teil der Hostie sich in ein Stück Fleisch verwandelte, während der linke Teil sein gewöhnliches Aussehen bewahrte. Das Blut aber rann auf das Korporale nieder. So-gleich machte sich der Priester mit dem Korporale zu Papst Urban IV. (1195–1264) auf, der sich damals im benachbarten Orvieto aufhielt. Der Papst zeigte sich von diesem wunderbaren Geschehen tief bewegt und erinnerte sich sogleich an die Visionen der hl. Juliana. Daraufhin

---

[73] Zur Einführung des Fronleichnamsfestes vgl. *Ramm*, S. 573Tf. Zudem die Audi-enzansprache Papst *Benedikts XVI.* über die hl. Juliana von Lüttich, in: *Ders.*, Hei-lige und Selige. Große Frauengestalten des Mittelalters, Illertissen 2011, S. 91–97 und *W. Dürig*, Art. „Fronleichnam I. Fest", in: LThK, Bd. 4, Sp. 405f. m. w. N.

ordnete er mit der Bulle *Transiturus de hoc mundo* vom 11. August 1264 das Fronleichnamsfest für die ganze Kirche an und beauftragte den hl. Thomas von Aquin, die Texte für das Festoffizium zu schreiben. Endlich hatte die Kirche nun einen wahren Jubeltag, an dem sie feierlich und ungetrübt die Einsetzung des Altarsakramentes begehen konnte. Diese Freude und Feierlichkeit kann sie schließlich am Gründonnerstag angesichts des Herrenleidens so nicht zeigen. Der Festtag wurde festgelegt auf den Donnerstag nach dem Dreifaltigkeitssonntag.

Thomas wurde nicht ohne Grund mit dieser wichtigen Aufgabe betraut. Der Papst wusste um die theologischen Qualitäten des Kirchenlehrers, insbesondere um die hohe Reflexionsstufe seiner Theologie der Eucharistie, die er uns in seinen Schriften hinterlassen hat. Unser Heiliger legte größten Wert darauf, dass das größte Wunder hier die Eucharistie selbst ist. Gegenüber den eucharistischen Blutwundern[74], wie z. B. dem von

---

[74] Die Ursache dieser Wunder war gerade im Mittelalter zumeist der Glaubenszweifel des konsekrierenden Priesters. Interessant ist, dass auch noch in unseren Tagen solche Wunder geschehen. Bekannt ist v. a. das eucharistische Wunder von Liegnitz aus dem Jahr 2013, welches inzwischen auch vom Papst anerkannt worden ist. Hier hat sich eine Hostie, die durch Unachtsamkeit zu Boden gefallen ist und dann in ein für die Auflösung bestimmtes Wassergefäß reponiert wurde, während des Auflösungsvorgangs in menschliches Fleisch verwandelt. Dieses Wunder mahnt uns klar und deutlich zu einem würdigen Umgang mit den eucharistischen Gestalten. Gerade die Handkommunion birgt hier die Gefahr, dass mit dem Allerheiligsten nicht angemessen umgegangen wird. – Zu diesem Themenkomplex der eucharistischen Wunder sei auf folgende Beiträge verwiesen: *C. Münch*, Eine Verwandlung, die den Unglauben auf die Probe stellt. Das Eucharistische Wunder von Lanciano, in: VATICAN*magazin* Heft 11, 2016, S. 8–15 und *G. Rodheudt*, Und das Brot ist Fleisch geworden. Das eucharistische Wunder von Liegnitz, in: VATICAN*magazin* Heft 11, 2016, S. 16–22. Bei aller Ehrfurcht gegenüber diesen Wundern bleibt es aber dabei zu betonen, dass das größte Wunder hier die Eucharistie selbst ist. In jedem Tabernakel der Kirche, an denen das rote Licht brennt, ist der Herr wirklich und lebendig gegenwärtig. Jedwede über die diesbezügliche Dankbarkeit hinausgehende Wundersucht ist hier fehl am Platze und wird dem wunderbaren Mysterium des Altares nicht gerecht.

Bolsena, legte er eine gewisse Skepsis an den Tag. Seine Sorge war es, dass es hier zu einem karphanaitischen Missverständnis kommen könnte: „Wenn auf wunderbare Weise der Leib auf dem Altare unter den Gestalten des Fleisches erscheint oder das Blut unter der Gestalt des Blutes, so darf es nicht empfangen werden."[75] Die Eucharistie ist eine geistige Speise. Deshalb verbleibt es ja auch nach der Lehre des hl. Thomas von der Transsubstantiation bei den äußeren Erscheinungen (Akzidentien) von Brot und Wein. Gewandelt werden die Substanzen: das Wesen des Brotes in das Wesen des Leibes Jesu Christi und das Wesen des Weines in das Wesen des Blutes Jesu Christi.[76] Die reale und wesenhafte Gegenwart des Leibes und Blutes Jesu Christi ist unter den Gestalten von Brot und Wein verborgen. Nach Thomas wäre es, in Anlehnung an den hl. Ambrosius, nämlich schauererregend, beim Gebrauch des Sakramentes das Fleisch eines Menschen zu verzehren und sein Blut zu trinken.[77] Zudem hält er in diesem Zusammenhang fest, dass es unmöglich sei, „dass der Leib Christi, da er verklärt und leidensunfähig ist, verändert werde, um dergleichen Beschaffenheiten anzunehmen"[78]. Mithin sind nach seiner Lehre die Bluthostien nicht mehr Sakrament, sondern verehrungswürdige Reliquien, also Sakramentalien. Für Thomas sind solche Wunder sinnliche „Demonstrationen der an sich unsichtbaren realen Gegenwart Christi im Sakrament der Eucharistie"[79]. Es ist bemerkenswert, mit

---

[75] *S. th.* III, q. 82, a. 4 ad 3; zit. nach „Das Geheimnis der Eucharistie", *Summa theologica* III 73–83, Die Deutsche Thomas-Ausgabe, 30. Band, Salzburg 1938, Bd. 30 der Deutschen Thomasausgabe, S. 302.

[76] Die Gegenwart Jesu Christi ist aber eine in jeder Gestalt totale: In der Eucharistie ist der *ganze* Christus mit Fleisch und Blut, mit Seele und Gottheit unter jeder dieser Gestalten gegenwärtig (s. o. S. 53ff.).

[77] Siehe oben Fn. 14.

[78] *S. th.* III, q. 77, a. 1; zit. nach ebd., S. 123.

[79] So zutreffend *H. Hoping,* Mein Leib für euch gegeben. Geschichte und Theologie der Eucharistie, 2. erweiterte Aufl., Freiburg i. Brsg. 2015, S. 224 unter Bezugnahme auf *Thomas von Aquin, S. th.* III, q. 73.

welch großer Abgeklärtheit Thomas in diesem Zusammenhang jedweder Wundersucht und den damit einhergehenden Missverständnissen entgegenwirkt. Bei unserer Verehrung des kostbaren Blutes sollten wir auch darauf achten, dass wir die eucharistischen Blutwunder richtig einordnen. Das größte Wunder ist die Eucharistie selbst. Und auch hier gilt das Wort des Herrn an den Apostel Thomas: „Selig sind, die nicht sehen und doch glauben!" (Joh 20,29). Auf unseren Fall angewandt heißt das: Selig, die ihr auch den unter den Gestalten von Brot und Wein verborgenen Heiland der Welt im Glauben erkennt und anbetet! Selig, wenn ihr Vertrauen habt in mein Wort, welches spricht: „Das ist mein Leib! Das ist mein Blut!" Damit sind wir schon hingeführt zum ausdrucksstarken Hymnus unseres Thomas von Aquin, dem *Adoro te devote*, dem *„Gottheit tief verborgen"*[80], in dem das Blut Christi eine besondere Verehrung vor allem in dem nun folgenden Vers erfährt:

„Pie pellicane, Iesu domine,	„Barmherziger Pelikan, Herr Jesus,
me immundum munda tuo sanguine.	mich Unreinen reinige durch dein Blut.
Cuius una stilla salvum facere	Davon ein einziger Tropfen könnte heil machen
totum mundum posset omni scelere. "	die ganze Welt von jedem Verbrechen."[81]

Thomas betont mit dem Bild des Pelikans die soteriologische Bedeutung des Blutes Christi. Man ging seit der Antike merkwürdigerweise[82] davon aus, dass der Pelikan mit seinem Schnabel die Brust aufreißt, um seine

---

[80] *Gotteslob*, Nr. 497.

[81] Zit. nach *Tück*, S. 308.

[82] Naturkundlich weiß man freilich, dass der Pelikan seine Jungen füttert, indem er den Schnabel auf seine Brust stemmt und Fische aus seinem Kehlsack hervorwürgt.

Jungen mit seinem Blut zu ernähren oder wieder zum Leben zu erwecken, wenn sie gestorben sind. Wie viele Paramente und Eucharistiebilder zeigen diesen sich für die Jungen hingebenden Vogel als Symbol für den sich schenkenden Christus. Diese Bilder sind uns sehr vertraut. Das Bild ist doppeldeutig: Es spielt zum einen auf die Nahrung an, die uns in der Eucharistie geboten wird. Christus will unsere Speise sein. Er begleitet und stärkt uns auf unserem Pilgerweg zum Himmel. Andererseits wird es vom Hymnendichter verbunden mit dem Motiv der reinigenden Kraft, die dem Blute Christi zukommt. Dadurch wird der Sühnecharakter des Blutvergießens wieder in den Vordergrund gestellt. Und dann nimmt Thomas auf den bereits behandelten Lehrsatz des hl. Bernhard von Clairvaux Bezug, wonach bereits ein Tropfen dieses kostbaren Blutes in der Lage ist, die ganze Welt zu retten. Von allen Verbrechen, von allen Sünden, wird der Kosmos bereits durch ein Tröpflein dieses kostbaren Blutes befreit. Hier steht Thomas ganz in der Tradition der Überlieferung, die er bereits vorgefunden hat.

Neben der soteriologischen Perspektive betont Thomas natürlich in seinen Hymnen zum Fronleichnamsfest, wie kann es anders sein, auch die eucharistische Perspektive des Blut-Christi-Mysteriums. Das Blut Christi wird gegenwärtig in den eucharistischen Gestalten. In diesem Sakrament will Christus uns auch mit dem vorzüglichen Zeichen seiner Hingabe, mit seinem Blut, gegenwärtig sein. In der Sequenz *Lauda, Sion, Salvatórem*, dem Hymnus vor dem Evangelium des Hochfestes Fronleichnam, heißt es dann so:

„Dogma datur Christiánis,	Es ist ein Dogma für die Christen,
quod in carnem transit panis,	dass das Brot in Fleisch
et vinum in sánguinem.	und der Wein in Blut verwandelt wird.

Quod non capis, quod non vides,	Was du nicht fasst,
	was du nicht siehst,
animósa firmat fides,	bestätigt der beherzte Glaube
praeter rerum órdinem.	auf außergewöhnliche Weise.
Sub divérsis speciébus,	Unter zweierlei Gestalten,
signis tantum, et non rebus,	Zeichen nur, nicht
	Wesenheiten,
latent res exímiae.	liegt Hochheiliges verhüllt.
Caro cibus, sanguis potus:	Fleisch ist Speise,
	Blut ist Trank;
manet tamen, Christus totus	dennoch bleibt der
	ganze Christus
sub utráque spécie.	unter jeder der Gestalten."[83]

Kunstvoll in Versform bietet uns der hl. Thomas hier das Dogma von der Transsubstantiation dar: Der ganze Christus ist in jeder der Gestalten, die äußerlich betrachtet Brot und Wein in der Erscheinungsweise bleiben, wirklich, wahrhaftig und wesenhaft mit seinem Leib, seinem Blut, seiner Seele und seiner Gottheit gegenwärtig. Auf ganz geheimnisvolle und verborgene Weise wird ER so Speise für uns. Nur mit dem Auge des Glaubens können wir uns diesem großen Geheimnis nähern. Die Eucharistie ist *der* Ort der Gegenwart des kostbaren Blutes Jesu Christi. Hier können wir voller Dankbarkeit und in Anbetung unser Knie beugen vor dem großen Heilswerk, welches er für uns getan hat. Lassen wir uns vom hl. Thomas hineinnehmen in diesen großen eucharistischen Lobgesang und ehren wir mit ihm den Herrn im Sakrament des Altares.

---

[83] Zit. nach *Ramm*, S. *576Tf.*

Zum Schluss unserer Darstellung der Verehrung des kostbaren Blutes beim Aquinaten schauen wir noch auf dessen Auslegung der für die Blut-Christi-Verehrung so bedeutenden Stelle aus dem Johannesevangelium über das aus der geöffneten Seite Jesu fließende Blut und Wasser (vgl. Joh 19,34). Thomas bemerkt hierzu wie folgt: „Ebenso ist dies geschehen, um zu zeigen, dass wir durch Christi Passion die volle Reinwaschung erlangen, von den Sünden nämlich und den Fehlern. Von den Sünden freilich durch das Blut, das der Preis ist für unsere Freikaufung."[84] Hier nimmt der Kirchenlehrer dann ausdrücklich Bezug auf den ersten Petrusbrief, wonach das kostbare Blut der Kaufpreis für unsere Erlösung ist (vgl. 1 Petr 1,18f.). Dann heißt es weiter: „Von den Fehlern aber durch Wasser, das das Bad der Wiedererschaffung ist. (…) Und deshalb beziehen sich diese beiden insbesondere auf zwei Sakramente: das Wasser auf das Sakrament der Taufe, auf die Eucharistie das Blut. Oder beides bezieht sich auf die Eucharistie, weil im Sakrament der Eucharistie Wasser mit Wein gemischt wird; wie sehr auch das Wasser nicht von der Substanz des Sakramentes ist."[85] Thomas sieht in dieser Schriftstelle die Zusammenfassung der theologischen Bedeutung des Blutes Jesu Christi. Zum einen weist er auf die soteriologische Bedeutung hin: Durch das Blut Jesu sind wir erlöst! Zum anderen benennt er die Sakramente als Heilsmittel der Erlösung und betont vor allem die eucharistische Bedeutung dieser Stelle. Beide Motive sind miteinander verschränkt: Die Sakramente sind Mittel der Heiligung und helfen uns, den Weg zur ewigen Heimat zu finden. Ganz wunderbar ist dann die Kommentierung in ekklesiologischer Hinsicht. Thomas erblickt hierin die Schöpfung der Kirche als Braut Christi: „Es passt dies auch zum Symbol: Weil so, wie von der Seite des schlafenden Christus am Kreuz Blut und Wasser floss, mit denen die Kirche

---

[84] Zit. nach *Thomas von Aquins Kommentar zum Johannesevangelium*, Teil 2, hrsg. von *P. Weingartner, M. Ernst* und *W. Schöner*, Göttingen 2016, *Caput XIX., Lectio V., Nr. IV*, S. 475.

[85] Ebd., S. 475f.

geweiht wird, so ist von der Seite des schlafenden Adam die Frau geformt worden, die die Kirche selbst symbolisierte."[86] Für Thomas ist die Kirche das Ursakrament, welches der Seite des Herrn entnommen ist. Diese mystische Dimension der Kirche dürfen wir nie aus dem Blick verlieren. Wir sind allzu schnell versucht, nur die Runzeln der Kirche, die durch unser aller Sünde entstehen, in den Blick zu nehmen. Thomas lenkt unseren Blick hier auf das Heilsgeheimnis, welches der Kirche innewohnt. Sie ist zutiefst das Geschenk des Herzens Jesu an die Menschheit. Sie ist der offenen Seite des Erlösers entsprungen als Zeichen seiner bleibenden Gegenwart für uns. Thomas führt uns hier in die Tiefe dieses Geheimnisses.

Die Spur der Wiedererweckung – Heiliger Kaspar del Bufalo

Kommen wir nun zu dem Apostel des kostbaren Blutes schlechthin, zum hl. Kaspar del Bufalo (1786–1837)[87]. Dieser Heilige gehört hierzulande sicher nicht zu den bekannten Persönlichkeiten, die dem endlosen Chor angehören. Leider führt er bei uns ein Schattendasein und dies ganz zu Unrecht. Kaspar gehört sicher zu einer der leidenschaftlichsten Apostolatsgestalten, die die Kirche im 19. Jahrhundert hervorgebracht hat. Wie viele Menschen haben sich von seiner Botschaft wieder für den Glauben erwärmen lassen! Darüber können wir nur staunen.

Zunächst versuchen wir, ihn uns durch seinen Lebenslauf ein wenig bekannter und vertrauter zu machen: Kaspar wurde als Kind einer ver-

---

[86] Ebd., S. 476.

[87] Vgl. hierzu folgende Literatur: *F. Baumann*, Pius XII. erhob sie auf die Altäre. Die Heilig- und Seliggesprochenen seines Pontifikates, Würzburg 1960, S. 159–162; die Beiträge von *W. Wermter*, in: *Frauenkloster Schellenberg (Hrsg.)*, Festschrift zum Klosterjubiläum: „150 Jahre Schwestern vom kostbaren Blut in Schellenberg 1858–2008", Schellenberg 2008; a) Vom Leben und Wirken des heiligen Kaspar del Bufalo, S. 134–139 und b) Impulse aus den Exerzitienbriefen des heiligen Kaspar del Bufalo, S. 140–147.

armten römischen Adelsfamilie am 6. Januar 1786, am Vorabend der Französischen Revolution, in Rom, nahe der Jesuitenkirche „Il Gesu" geboren. Dem Festgeheimnis des Geburtstages entsprechend, erhielt er als Taufnamen die Namen der drei anbetenden Magier, wobei Kaspar sein Rufname wurde. Als einjähriges Kind erkrankte er so schwer, dass die Eltern um sein Leben bangen mussten. Seine Mutter flehte in der nahe gelegenen Jesuitenkirche am Grab des hl. Franz Xaver um dessen Fürsprache für die Gesundung ihres Kindes. Die Gebete der Mutter wurden erhört. Zeitlebens war Franz Xaver, der große Apostel von Indien und Japan, ein großes Vorbild für unseren Heiligen, der ihm später sicher als Pate bei der Gründung seines Volksmissionsordens, der sich der besonderen Verehrung des kostbaren Blutes verschrieben hat, zur Seite stand.

Abbildung 9: Kaspar del Bufalo – Apostel des Kostbaren Blutes

Als Kind übte Kaspar mit großer Frömmigkeit das Ministrantenamt aus und hielt seine Kollegen dazu an, den Katechismus zu studieren. Als Schüler zeigte sich bereits die Apostolatsqualität des kleinen Kaspar, der seinen Mitschülern mit Feuereifer die Inhalte des Glaubens vermitteln wollte. Recht früh wuchs in ihm der Wunsch, selbst einmal am Altar das Opfer Jesu Christi darbringen zu dürfen. Allerdings überfielen ihn als junger Mann große Bedenken dahingehend, ob er diesem hohen Amt jemals mit seinem Leben entsprechen könnte. Die Würde des Priestertums erschien ihm zu hoch. Ja, ihn quälten gewisse Skrupel an der Übernahme dieses Amtes. Da stellte Gott ihm den heiligen Passionistenpater Vinzenz Maria Strambi (1745–1824) an die Seite, der ihm half, seine Berufungszweifel zu überwinden. Auch Strambi war ein glühender Verehrer des kostbaren Blutes, hatte er doch durch das zusätzliche Gelübde der besonderen Verehrung der Passion Jesu Christi aufgrund seiner spezifischen Ordensberufung einen Zugang zu dieser Devotion. Im Nachhinein ist es geradezu wunderbar zu sehen, wie sehr Gottes Vorsehung das Leben der Menschen fürsorgend begleitet. Wir werden noch sehen, dass dem hl. Kaspar am Ende seines Lebens ein anderer großer Heiliger der Kirche zur Seite stand.

Schließlich kam es im Schicksalsjahr 1808, in dem französische Truppen Napoleons den päpstlichen Palast besetzten, zur Priesterweihe des Heiligen. Im gleichen Jahr lernte Kaspar den Gründer der frommen Vereinigung vom Kostbaren Blut, den späteren Bischof von Terracina, Francesco Albertini, kennen. Dieser gewann ihn zum Beitritt in seine Bruderschaft. Hierdurch kam es sicher zu einem nicht zu unterschätzenden ersten großen Impuls für Kaspar, sich dieser Devotion zu öffnen. Die Zeiten des Beginns seines priesterlichen Wirkens waren sofort durch eine fanatische Kirchenverfolgung der Besatzer geprägt: Der damalige Papst Pius VII. musste den Quirinal, den damaligen Palast des Papstes in Rom, verlassen und wurde von dem narzisstischen korsischen General in Fontainebleau gefangen gesetzt. Napoleon verlangte vom römischen Klerus die Ablegung eines besonderen Treueeids, die der Heilige Vater natürlich verboten hatte. Die Eidesverweigerer mussten dementsprechend mit Repressionen rechnen. So erging es auch unserem papsttreuen

Neupriester. Infolge der Eidesverweigerung musste er sein geliebtes Rom verlassen und wurde mit anderen Priestern in die Verbannung nach Piacenza geschickt. Dort war Kaspar wiederum dem Tod nahe und wurde mit den heiligen Sterbesakramenten versehen. Sein Mithäftling und Seelenführer, der schon erwähnte Priester Albertini, erzählte in dieser Situation dem heiligen Kaspar von einer Ordensschwester, die ihm folgende Vision über einen Priester anvertraut hatte: „In den Bedrängnissen der Kirche werden Sie einen jungen Priester kennenlernen, mit ihm Freundschaft schließen und sein Seelenführer werden. Eines seiner Kennzeichen wird seine Andacht zum heiligen Franz Xaver sein. Er wird Missionar sein und eine Priesterkongregation gründen, die im Zeichen des göttlichen Blutes an der Erneuerung der Sitten arbeiten und die Gleichgültigen wieder auf den Gekreuzigten hinweisen wird. Er soll der Herold des Kostbaren Blutes sein. – Es werden dann auch Schwestern vom Kostbaren Blute kommen, aber jener Priester wird nicht mehr deren Leitung übernehmen."[88] Was wird wohl in unserem schwer erkrankten Priester in diesem Moment vorgegangen sein? Jedenfalls fasste Kaspar wieder neuen Mut und wurde wider Erwarten gesund. All die zuvor gehörten Prophezeiungen sollten sich fortan an ihm erfüllen. Kaspar sollte noch nicht sterben, da Gott ein großes Werk durch ihn in der Kirche in Gang setzen wollte.

Es folgten noch verschiedene Umlegungen in den Gefängnissen Napoleons, bis es schließlich im Jahr 1814 nach dem Sturz des Kaisers zur Befreiung der inhaftierten Priester kam. Endlich konnte unser Heiliger mit seinem „Missionsfeldzug" beginnen. Im Auftrag des Papstes Pius VII. begann er sofort mit den Volksmissionen im Gebiet des Kirchenstaates. In ihm reifte immer mehr der Entschluss, schließlich eine Missionskongregation zu gründen, die besonders dem kostbaren Blute des Erlösers geweiht sein sollte. Die Vorhersage der frommen Ordensfrau begann sich

---

[88] Zit. nach *Baumann*, S. 160.

113

nach und nach zu erfüllen. Am Hochfest Mariä Himmelfahrt im Jahre 1815 wurde schließlich das erste Haus der Missionare vom Kostbaren Blut in Giano gegründet. Zuvor musste der erst dreißigjährige Priester viel innerkirchliche Widerstände erfahren. Der Neid einiger Mitbrüder spielte ihm übel mit. Doch Kaspar war sich seines Rufes gewiss und tat alles, was in seiner Macht stand, freilich immer in dem Bewusstsein, dass sein Werk nur mit Gottes Gnade zur Vollendung kommen kann. In den folgenden Jahren konnte er segensreich tätig sein. Viele Menschen, die durch die schweren Erschütterungen der Zeit weitgehend orientierungslos geworden waren, führte er durch seine Volksmissionen, Predigten und Exerzitienvorträge wieder zurück zum Glauben.

Kaspar war sicher eine Triebfeder in der damaligen Erweckungsbewegung in Italien. Heute würde man von Neuevangelisierung sprechen. Doch der Erfolg brachte ihm nicht nur Freunde. Gerade einige seiner „lieben Mitbrüder" zeigten sich derart vom Neid besessen, dass sie nicht einmal davor zurückschreckten, ihn beim Papst ins schlechte Licht zu rücken, um sein noch in der Blüte stehendes Werk zu zerschlagen. Das alles schmerzte unseren Heiligen sehr. Doch letztlich bestätigte dann Papst Gregor XVI. die von ihm verfasste Regel des „Instituts vom Kostbaren Blut". Kaspar wusste sich getragen von Gottes Ratschluss. Auf einer der Missionen war unter den Zuhörern des Heiligen die damals siebzehnjährige Maria de Mattias, die sich ergriffen von seiner Predigt an ihn wandte und in der Folgezeit die Gründerin der weiblichen „Kongregation vom Kostbaren Blute" wurde.

Obwohl unser Heiliger zeitlebens von schwächlicher Konstitution war, ließ er sich gegen Ende seines Lebens nicht davon abbringen, auch in den von Cholera heimgesuchten Regionen Italiens sein Missionswerk fortzusetzen. Selbst als die Epidemie auf Rom übergriff, ging er in die Ewige Stadt, um den Menschen gerade in dieser schweren Leidenszeit mit der Verehrung des kostbaren Blutes Kraft und Zuversicht zuzuspre-

chen. An Weihnachten 1837 zeigte sich, dass der Tod nun doch endgül-
tig vor der Tür stand. In den letzten Tagen seines Lebens wurde er von
einem anderen großen Apostel dieser Zeit begleitet, dem hl. Vinzenz
Pallotti (1795–1850), der als der große Begründer des Laienapostolats
in die Kirchengeschichte eingegangen ist. Am Abend des 28.12.1837,
dem Fest der Unschuldigen Kinder, trat Pallotti nochmals an das Bett
des Sterbenden und berichtete über seine letzte Begegnung mit Kaspar
wie folgt: „In dessen Antlitz leuchteten so viel Ruhe, Heiterkeit und solche Zeichen des Friedens, dass man, wenn man alles im christlichen
Geiste betrachtete, sozusagen Verlangen bekam, in Agonie zu sein."[89] Im
Augenblick des Todes war Vinzenz ganz ergriffen, da er aus dem toten
Leib des Heiligen einen leuchtenden Stern aufsteigen sah. Der Mann,
der am Fest der Weisen aus dem Morgenland, die dem Stern folgten,
geboren wurde, stieg an seinem himmlischen Geburtstag selbst wie ein
Stern hinauf in das himmlische Jerusalem. Diese Epiphanie ließ den hl.
Vinzenz Pallotti fortan nicht mehr los. Mit Kaspar del Bufalo ging ein
großer Priester fort, der nunmehr für uns als Fürsprecher im Himmel
seinen Dienst tut. Nutzen wir diese Möglichkeit, ihn um seine Fürsprache anzurufen, gerade dann, wenn unsere Liebe zum kostbaren Blut zu
erkalten droht.

Zum Schluss dieses Abschnitts soll der Heilige selbst noch zu Wort kommen. Kaspar hat in seinen Briefen und Predigten immer wieder über die
Verehrung des kostbaren Blutes gesprochen. Ein zusammenhängendes
Werk zum Thema hat er uns nicht hinterlassen können, da er unermüd-
lich unterwegs war und sich den Menschen mit seiner Botschaft direkt
zuwenden wollte. Aber die vielen Texte, die uns bis heute erhalten sind,
sind in der Tat eine große Fundgrube.[90] Kaspar war der Meinung, dass

---

[89] Zit. nach ebd., S. 162.

[90] Zu den Quelltexten des Heiligen vgl. *Missionare vom Kostbaren Blut (Hg.)*, Zu einer Spiritualität des Blutes Christi: Die wichtigsten Texte des hl. Gaspare del Bufalo

die Verehrung des kostbaren Blutes „die mystische Waffe der Zeit"[91] war, um der Glaubenslosigkeit und der weitgehenden Verunsicherung der Menschen seiner Zeit begegnen zu können. Er sah in dieser Devotionsform die Möglichkeit, die Herzen der Menschen wieder erwärmen zu können für die Dankbarkeit gegenüber dem Heilswerk Jesu Christi. Kaspar war davon überzeugt, dass der Blick auf den sich hingebenden Christus die Menschen wieder zur Besinnung bringen kann, erneut über den Sinn ihres Glaubens nachzudenken. Letztlich führte Kaspar mit seinen Missionsbemühungen die Menschen wieder zurück zum Zentrum des Glaubens. Ihm haben wir sicher die Wiederbelebung einer christozentrischen Spiritualität im 19. Jahrhundert zu verdanken, die ihre Kreise bis heute gezogen hat. Drei Ziele verfolgte er mit seiner Verehrung des kostbaren Blutes: die Wiedergutmachung mit Christus, die Versöhnung mit dem Vater und die daraus resultierende Heiligung der Menschen. Hören wir ihn selbst: „Mit dreifacher Zielsetzung wird die Verehrung des Göttlichen Blutes mit besonderem Eifer gefördert. Erstens, um einen Wiedergutmachungskult für dessen Verhöhnung durch die Sünder anzubieten. Zweitens, um dem Ewigen Göttlichen Vater die Gabe des Preises unserer Erlösung darzubringen und für unsere Zeit den Frieden zu erbeten. Drittens, um den Völkern zu zeigen, dass *justificati* in Sanguine, *salvi erimus* ab ira per ipsum."[92]

Kaspar sah in der Förderung dieser Devotion die Gelegenheit, dem Säkularisierungsschub der nachnapoleonischen Zeit entgegenzuwirken. Er erkannte hier ganz klar die „Zeichen der Zeit" und schenkte der Kir-

---

(1786–1837), des Gründers der Kongregation der Missionare vom Kostbaren Blut, CPPS, über das Kostbare Blut Jesu Christi, Übersetzung aus dem Italienischen, mit Einführung, C.PP.S.-Studien Bd. 8, Salzburg 2008, zugänglich auf folgender URL: http://www.cppsmissionaries.org/download/spirituality/Hl_Kaspar_del_Bufalo_Uber_das_Kostbare_Blut.pdf

[91] Ebd., S. 10.
[92] Zit. nach ebd.

che eine neue Perspektive, in der sie das Heilswerk Jesu Christi schauen und den Menschen dann fruchtbringend näherbringen konnte. Seine Motivationslage beschrieb er dementsprechend so: „Das Ziel, dem die Verbreitung der Verehrung des Kostbaren Blutes dient, ist die Wiedererweckung des Eifers in der Bevölkerung. Der Herr hat zu jeder Zeit Verehrungen entstehen lassen, die geeignet waren, dem Strom des Bösen Einhalt zu gebieten. Wenn wir die Geschichte der Kirche überblicken, sehen wir, dass diese in früheren Zeiten wegen des einen oder anderen Dogmas angegriffen worden ist, in unserer Zeit aber richtet sich der Kampf ganz allgemein gegen die Religion und gegen den gekreuzigten Herrn. Deshalb ist es notwendig, die Ehre des Kreuzes und unseres gekreuzigten Erlösers wiederherzustellen, und während der Dämon möchte, dass wir dem Gericht zum Opfer fallen, die Quellen des Erbarmens öffnen. Jetzt ist es notwendig, den Völkern aufs Neue zu sagen, um welchen Preis die Seelen wiedererkauft sind. (…) Es ist notwendig, bekannt zu machen, auf welche Weise das Blut Jesu die Seelen reinigt und heiligt, nämlich hauptsächlich durch die Sakramente; und um uns aus der heutigen Empfindungslosigkeit aufzurütteln, ist es angebracht, daran zu erinnern, dass dieses Blut jeden Morgen auf dem Altar dargebracht wird und dass wir es zur Wiedergutmachung der Lästerung und Sakrilege anbeten und lobpreisen müssen."[93]

Vieles von dem, was Kaspar del Bufalo damals sagte, ist auch heute noch höchst aktuell. Auch wir leben in einer Zeit, in der die Religion immer mehr aus dem Leben der Menschen verdrängt wird. Gerade in unserer Wohlstandsgesellschaft, in der der Überfluss keinerlei Grenzen zu setzen scheint, ist an die Stelle Gottes der Götze des unbegrenzten Luxus getreten. Wir alle leiden unter den Versuchungen, die dies mit sich bringt. Auch wir leiden heute an der daraus resultierenden Empfindungslosigkeit. Daher könnte es auch für uns ratsam sein, uns wieder mehr dem

---

[93] Ebd., S. 11.

Zentrum unseres Glaubens, der Erlösung des Menschengeschlechts durch das Blut des Erlösers, zuzuwenden. Erst durch die dankbare Betrachtung dieses unendlich wertvollen Kaufpreises unseres Heils können wir wieder in die Lage versetzt werden, die vielen Kaufpreise dieser Welt in die richtige Relation zu setzen. Auch wir bedürfen wieder neu der Befreiung aus unserer Selbstsucht, aus unserem hemmungslosen Streben nach Gewinn, Macht und Ansehen.

Aber auch die innerkirchliche Situation zeigt uns heute überdeutlich, wie wichtig es ist, das kostbare Blut des Herrn wieder in das Zentrum unserer Frömmigkeit zu stellen. Wie viele Häresien haben die Kirche in den letzten Jahrzehnten von Christus, dem wahren Gottmenschen, entfernt? Wie viele Theologen, selbst Priester und Bischöfe, sind heute in der Gefahr, einem schleichenden Arianismus, der die Gottheit Christi leugnet, zu erliegen? Wie viele Katholiken haben nicht mehr vor Augen, wie wertvoll die Gegenwart des Herrn, auch die Gegenwart seines kostbaren Blutes, im Altarsakrament ist? Wie oft wird die Eucharistie in den Rang des bloß Symbolischen verwiesen? Man könnte den Fragekatalog noch fortsetzen.

Auch heute bedarf es der Notwendigkeit der, um mit dem heiligen Kaspar zu sprechen, *Wiedererweckung im Glauben*! Lasst uns wieder neu über den Kaufpreis unseres Heils nachdenken. Lasst uns zusammen mit Kaspar del Bufalo und mit seiner Hilfe hintreten zum Thron der Gnade, zum Blut des Lammes, welches allein imstande ist, uns reinzuwaschen von der Sünde und uns von der Macht des Todes und den Versuchungen des Satans zu befreien. Lasst uns wieder neu in der Kirche einen Geist der Hingabe an Gott erwecken, die bereit ist, mit guten Werken, wahrer Anbetung und einer Haltung der Sühne dem zu begegnen, dem wir das Heil verdanken: Jesus Christus, der sein kostbares Blut für uns vergossen hat.

DIE GEBETE ZU EHREN DES
KOSTBAREN BLUTES JESU CHRISTI

Es ist mir ein großes Anliegen, dass es nicht nur beim Lesen über dieses große Geheimnis bleibt. Vom Lesen möchte ich nun jeden einladen, diesem im Gebet nachzugehen.[94] Herzstück dieses Teils ist der Abdruck der vom hl. Johannes XXIII. approbierten Litanei zu Ehren des kostbaren Blutes Jesu Christi.[95] Es folgt die Empfehlung des Blut-Christi-Rosenkranzes mit kurzen Gebetsanrufungen zu den sieben Blutvergießungen Jesu als weitere Gebetsanregung. Schließlich soll uns eine Novene einladen, die Heilstaten des Herrn in Bezug zu unserem Leben zu setzen. Möge diese Andacht unsere Gewissen erforschen und eine neue Liebe zu Jesus Christus in uns wecken, der sein kostbares Blut für uns vergossen hat.

---

[94] Auf folgende Gebetssammlungen zum kostbaren Blut sei besonders hingewiesen: *W. M. Wermter*, Rette uns! – Gebete zu Ehren des Heiligen Blutes, Aufhausen 2011; *R. Schaffer*, Die Armee vom Kostbaren Blut, 8. Aufl., St. Andrä-Wördern 2011; *E. Winterhalter*, Das kostbare Blut Jesu Christi. Der größte Trost der Armen Seelen, 18. Aufl., Hauteville 2004; *Frauenkloster Schellenberg (Hrsg.)*, Vergissmeinnicht. Betrachtungs- und Gebetsbüchlein der Schwestern vom Kostbaren Blut (SPPS) zum Andenken an die frommen Gründer Mutter Anna Maria Brunner und Pater Franz M. Salesius Brunner, Schellenberg 2005; *Frauenkloster Schellenberg (Hrsg.)*, Novene zum Kostbaren Blut mit Anna Maria Brunner, Jestetten 2013. Bezüglich der Blut-Christi-Litanei verweise ich auf die tiefgehende Deutung der einzelnen Anrufungen der Litanei durch *J. Overath*, Fließendes Erbarmen. Eine Deutung der Litanei vom Kostbaren Blut Jesu Christi, Kissleg 2009.

[95] Vgl. das Dekret der Ritenkongregation vom 24. Februar 1960 über die Approbation der Litanei vom Kostbaren Blut Jesu Christi (AAS LII [1960] 412–413) und das Dekret der Apostolischen Pönitentiarie vom 3. März 1960 über die Ablässe bei der Rezitation der Litanei des Kostbaren Blutes (AAS LII [1960] 420).

Litanei vom kostbaren Blute

Deutscher Text der Litanei

V./ A. Herr, erbarme Dich unser
V./ A. Christus, erbarme Dich unser
V./ A. Herr, erbarme Dich unser
V./ A. Christus, höre uns
V./ A. Christus, erhöre uns

V. Gott Vater im Himmel, **A.** erbarme Dich unser.
Gott Sohn, Erlöser der Welt,
Gott Heiliger Geist,
Heiligste Dreifaltigkeit, ein einiger Gott,

V. Blut Christi, **A.** rette uns
Blut Christi, des Eingeborenen des ewigen Vaters
Blut Christi, des menschgewordenen Wortes
Blut Christi, des Neuen und Ewigen Bundes
Blut Christi, in der Todesangst zur Erde geronnen
Blut Christi, bei der Geißelung vergossen
Blut Christi, bei der Dornenkrönung verströmt
Blut Christi, am Kreuze ausgegossen
Blut Christi, Kaufpreis unseres Heiles
Blut Christi, einzige Vergebung der Sünden
Blut Christi, im Altarsakrament Trank und Reinigung der Seelen
Blut Christi, Strom der Barmherzigkeit
Blut Christi, Besieger aller bösen Geister
Blut Christi, Starkmut der Märtyrer
Blut Christi, Kraft der Bekenner
Blut Christi, Lebensquell der Jungfrauen
Blut Christi, Stütze der Gefährdeten

Blut Christi, Linderung der Leidenden
Blut Christi, Trost der Weinenden
Blut Christi, Hoffnung der Büßenden
Blut Christi, Zuflucht der Sterbenden
Blut Christi, Friede und Wonne aller Heiligen
Blut Christi, Unterpfand des ewigen Lebens
Blut Christi, Erlösung aus den Tiefen des Reinigungsortes
Blut Christi, aller Herrlichkeit und Ehre überaus würdig

V. Lamm Gottes, Du nimmst hinweg die Sünden der Welt,
A. verschone uns, o Herr.
V. Lamm Gottes, Du nimmst hinweg die Sünden der Welt,
A. erhöre uns, o Herr.
V. Lamm Gottes, Du nimmst hinweg die Sünden der Welt,
A. erbarme Dich unser.

V. Du hast uns erlöst, o Herr, in Deinem Blute
A. und uns zu Deinem Gottesreich gemacht.

V. Lasset uns beten. – Allmächtiger, ewiger Gott, Du hast Deinen eingeborenen Sohn zum Erlöser der Welt eingesetzt und wolltest durch sein Blut Dich versöhnen lassen. So lasse uns denn, wir bitten Dich, den Lösepreis unseres Heiles verehren und durch seine Kraft vor den Übeln dieses Lebens auf Erden beschirmt werden, sodass wir uns im Himmel ewig seiner Frucht erfreuen dürfen, durch Christus, unseren Herrn.
A. Amen.

Lateinischer Text der Litanei

V./ A. Kyrie, eléison
V./ A. Christe, eléison
V./ A. Kyrie, eléison
V./ A. Christe, audi nos
V./ A. Christe, exáudi nos

V. Pater de caelis Deus, **A.** miserére nobis
Fili, Redémptor mundi, Deus,
Spíritus Sancte, Deus,
Sancta Trínitas, unus Deus,

V. Sanguis Christi, Unigeniti Patris aetérni **A.** salva nos
Sanguis Christi, Verbi Dei incarnáti,
Sanguis Christi, Novi et Aetérni Testaménti,
Sanguis Christi, in agonía decúrens in terram,
Sanguis Christi, in flagellatióne prófluens,
Sanguis Christi, in coronatióne spinárum emánans,
Sanguis Christi, in Cruce effúsus,
Sanguis Christi, prétium nostrae salútis,
Sanguis Christi, sine quo non fit remíssio,
Sanguis Christi, in Eucharístia potus et lavácrum animárum,
Sanguis Christi, flumen misericórdiae,
Sanguis Christi, victor dáemonum,
Sanguis Christi, fortitúdo martyrum,
Sanguis Christi, virtus confessórum,
Sanguis Christi, gérminans virgines,
Sanguis Christi, robur periclitántium,
Sanguis Christi, levámen laborántium,
Sanguis Christi, in fletu solátium,

Sanguis Christi, spes poeniténtium,
Sanguis Christi, solámen moriéntium,
Sanguis Christi, pax et dulcédo córdium,
Sanguis Christi, pignus vitae aetérnae,
Sanguis Christi, ánimas líberans de lacu Purgatórii,
Sanguis Christi, omni glória et honóre digníssimus,

V. Agnus Dei, qui tollis peccáta mundi,
A. parce nobis, Dómine
V. Agnus Dei, qui tollis peccáta mundi,
A. exaudi nos, Dómine
V. Agnus Dei, qui tollis peccáta mundi,
A. miserére nobis

V. Redemísti nos, Dómine, in sánguine tuo
A. Et fecísti nos Deo nostro regnum.

Oratio
V. Oremus. – Omnipotens sempitérne Deus, qui unigénitum Filium tuum mundi Redemptórem constituisti, ac eius sánguine placári voluísti: concéde, quáesumus, salútis nostrae prétium ita venerári, atque a praeséntis vita: malis eius virtúte deféndi in terris, ut fructu perpétuo laetémur in caelis. Per eúndem Christum Dóminum nostrum.
A. Amen.

Blut-Christi-Rosenkranz

Der Heilig-Blut-Rosenkranz hat die sieben Blutvergießungen Jesu zum Betrachtungsgegenstand. Bei den Geheimnissen 1–6 werden jeweils fünf „Vater Unser" und ein „Ehre sei dem Vater" gebetet. Nach dem letzten Geheimnis werden nur drei *Pater noster* und ein *Gloria Patri* gesprochen. Insgesamt kommt man so auf 33 „Vater Unser" in Anlehnung an die dreiunddreißig Erdenjahre des Heilands. Jedes Geheimnis wird mit einem kurzen Vergegenwärtigen des Blutvergießens und einer Gebetsbitte eingeleitet. Zum Schluss wird ein Aufopferungsgebet an den Vater gesprochen:

I.   Jesus hat sein Blut bei der *Beschneidung* vergossen. Lasst uns um die Reinheit an Leib und Seele bitten.

Bei den Geheimnissen 1–6:
5x „Pater noster" und danach jeweils ein „Gloria Patri"

II.   Jesus hat sein Blut in *Todesangst* vergossen, als er im Ölgarten betete. Lasst uns um den steten Eifer des Gebetes bitten.

III.   Jesus hat sein Blut bei der *Geißelung* an der Säule vergossen. Lasst uns um Geduld und Selbstbeherrschung bitten.

IV.   Jesus hat sein Blut bei der *Dornenkrönung* vergossen. Lasst uns um Demut bitten, um für unseren Stolz zu sühnen.

V.   Jesus hat sein Blut vergossen, als er sein *Kreuz* zum Kalvarienberg *getragen* hat. Lasst uns um die Annahme unserer täglichen Kreuze bitten.

VI.   Jesus hat sein Blut während der schrecklichen *Kreuzigung* vergossen. Lasst uns um wahre Reue und Buße bitten.

VII.   Jesus hat Blut und Wasser *aus seiner Seite* vergossen, die von der Lanze durchbohrt worden ist. Lasst uns um Beharrlichkeit bitten.

Hier nur 3x
„Pater noster" und danach wieder jeweils ein „Gloria Patri"

Schlussgebet:

Ewiger Vater,

ich opfere Dir auf das kostbare Blut deines Sohnes zur Sühne für meine Sünden,

für die Armen Seelen am Reinigungsort und

die Anliegen der Heiligen Mutter Kirche.

Novene zu Ehren des Kostbaren Blutes

Die Novene (von lat. *novem* = „neun") ist eine Gebetsform, bei der an neun aufeinanderfolgenden Tagen bestimmte Gebete verrichtet werden, die aus einem gleichbleibenden und einem täglich wechselnden Teil bestehen, um von Gott besondere Gnadengaben zu erflehen. Der Ursprung dieser Gebetsform liegt in der Pfingstnovene, dem neuntägigen Gebet um den Heiligen Geist, wie es die Apostel und die Jünger Jesu mit Maria nach der Himmelfahrt Jesu im Abendmahlssaal praktizierten. Sie geht auf den Bericht in Apg 1,12–14 zurück, nachdem die ersten Christen nach der Himmelfahrt Christi zurückgezogen im Gebet lebten, bis am Pfingsttag der Heilige Geist über sie kam. In dieser Novene wollen wir die sieben Blutvergießungen Jesu meditieren und zu unserem Leben in Bezug setzen. Es bietet sich an, diese Novene neun Tage vor dem Fest des kostbaren Blutes Christi, welches am 1. Juli gefeiert wird, zur Vorbereitung auf die Feier dieses Geheimnisses zu beten. Hierbei können wir all unsere Anliegen zu ihm bringen.

Erster Tag: Kaufpreis unseres Heils – Eine Einstimmung in die Andacht

Im Namen des Vaters und des Sohnes und des Heiligen Geistes. Amen.

Wir hören auf Gottes Wort: „Ihr wisst, dass ihr aus eurer sinnlosen, von den Vätern ererbten Lebensweise nicht um einen vergänglichen Preis losgekauft wurdet, nicht um Silber oder Gold, sondern mit dem kostbaren Blut Christi, des Lammes ohne Fehl und Makel" (1 Petr 1,18–19).

Wir schauen auf unser Leben: Welche Dinge sind uns etwas wert? Wofür sind wir bereit, einen hohen Preis zu zahlen? Wie stark hängt unser Herz an den Luxusgütern, die die Welt uns für viel Geld anbietet und die uns oft von Gott wegführen. – Schauen wir auf Jesus: Er gibt sein Blut, um uns freizukaufen von der Last unserer Sünde. Er kann und will uns auch heute noch, jeden Tag neu, befreien von der Anhänglichkeit an das Böse, von der Versklavung unseres Ichs an unsere Selbstsucht und dem unsinnigen Streben nach Reichtum, Überfluss und Macht. Werden wir still und seien wir dankbar für das, was der Herr an uns getan hat. Er hat das Beste gegeben, sich selbst, sein Leben. Nur für uns!

Wir beten: Jesus, wir danken dir dafür, dass du uns mit deinem kostbaren Blut losgekauft hast von Sünde, Tod und Teufel. Wir bitten dich, gib uns die Kraft, immer wieder neu zu dir umzukehren und uns aus der Anhänglichkeit an die Sünde zu befreien. Lass uns wieder neu die befreiende Wirkung deiner Heilstat erkennen.

Vater Unser – Ave Maria – Ehre sei dem Vater

Zweiter Tag: Jesus unter dem Gesetz – Die Beschneidung

Im Namen des Vaters und des Sohnes und des Heiligen Geistes. Amen.

Wir hören auf Gottes Wort: „Als acht Tage vorüber waren und das Kind beschnitten werden sollte, gab man ihm den Namen Jesus, den der Engel genannt hatte, noch ehe das Kind im Schoß seiner Mutter empfangen wurde" (Lk 2,21).

Wir schauen auf unser Leben: Jesus beugte sich ganz unter das Gesetz. Er wurde beschnitten und vergoss dabei zum ersten Mal sein kostbares Blut. Die Lebenshingabe beginnt bereits am achten Tag nach seiner Geburt. Wie halten wir es mit der Treue gegenüber dem Gebot Gottes? Achten wir die Gebote der Kirche? Haben wir Respekt gegenüber den Gesetzen des Staates, soweit sie nicht dem Gebot Gottes zuwiderlaufen? Wie steht es mit unserer Lebenshingabe? Wofür sind wir bereit, ein Opfer zu bringen?

Wir beten: Jesus, voller Dankbarkeit schauen wir auf deine Demut, die du bereits als Kind gezeigt hast. Wir sind oft nicht demütig und weigern uns, unser Lebensschicksal anzunehmen. Wir bitten dich um Kraft und Stärke, in Demut vor dir und unseren Mitmenschen unseren Weg des Opfers zu gehen. Herr, zeige uns die Wege, die wir gehen sollen.

Vater Unser – Ave Maria – Ehre sei dem Vater

Dritter Tag: Jesus in seinen Ängsten – Der Blutschweiß

Im Namen des Vaters und des Sohnes und des Heiligen Geistes. Amen.

Wir hören auf Gottes Wort: „Dann verließ Jesus die Stadt und ging, wie er es gewohnt war, zum Ölberg; seine Jünger folgten ihm. Als er dort war, sagte er zu ihnen: Betet darum, dass ihr nicht in Versuchung geratet! Dann entfernte er sich von ihnen ungefähr einen Steinwurf weit, kniete nieder und betete: Vater, wenn du willst, nimm diesen Kelch von mir! Aber nicht mein, sondern dein Wille soll geschehen. Da erschien ihm ein Engel vom Himmel und gab ihm Kraft. Und er betete in seiner Angst noch inständiger und sein Schweiß war wie Blut, das auf die Erde tropfte" (Lk 22,39–44).

Wir schauen auf unser Leben: Auch wir geraten immer wieder in Versuchung. Hören wir in solchen Situationen auf den Rat des Herrn, gerade dann zu beten? Oder geben wir allzu schnell nach? Auch wir haben in unserem Leben immer wieder mal Angst. Manch einer von uns ist daran schon krank geworden. Die Depressionen nehmen immer mehr zu. Schauen wir in unseren Ängsten doch auf Jesus, der am Ölberg bereits unsere Ängste mit durchlitten hat. Er ist der beste Gefährte, den wir in unseren Ängsten an unserer Seite wissen können.

Wir beten: Jesus, wir danken dir, dass du uns gerade in der Versuchung aufforderst, zu beten. Verzeihe uns, dass wir nicht immer auf deinen Rat gehört haben. Hilf uns, gerade dann zu beten, wenn es uns schwerfällt. Hilf uns auch in unseren Ängsten, dass wir nicht verzweifeln. Gib uns Mut durch dein kostbares Blut!

Vater Unser – Ave Maria – Ehre sei dem Vater

Vierter Tag: Jesus an der Säule – Die Geißelung

Im Namen des Vaters und des Sohnes und des Heiligen Geistes. Amen.

Wir hören auf Gottes Wort: „Als Pilatus sah, dass er nichts erreichte, sondern dass der Tumult immer größer wurde, ließ er Wasser bringen, wusch sich vor allen Leuten die Hände und sagte: Ich bin unschuldig am Blut dieses Menschen. Das ist eure Sache! Da rief das ganze Volk: Sein Blut komme über uns und unsere Kinder! Darauf ließ er Barabbas frei und gab den Befehl, Jesus zu geißeln und zu kreuzigen" (Mt 27,24–26).

Wir schauen auf unser Leben: Wann sind wir feige und beziehen nicht klar und deutlich Stellung, wo es die Gerechtigkeit und Wahrheit erfordern würden? Wann spielen wir das Unschuldslamm? Wann sind wir bereit, andere „zu opfern", damit wir gut dastehen? Gerade die Geißelung zeigt uns, wie sehr Jesus leiden musste. Sein ganzer Leib wurde durch die unzähligen Geißelhiebe zerfleischt. Mit welchen Sünden haben wir dazu beigetragen, dass der Herr so furchtbar zugerichtet worden ist? Was ist mit unseren vielen Gewohnheitssünden, die wir nur schwer ablegen können? Schauen wir auf den gegeißelten Herrn und bitten ihn um unsere Bekehrung.

Wir beten: Jesus, in deiner Geißelung erkennen wir, wie schlimm die Sünde ist. Verzeihe uns unseren Beitrag an deinem Leiden. Hilf uns, immer wieder neu die Sünde zu meiden. Gedemütigter und verletzter Heiland, hilf uns in unserer Schwäche und Sündhaftigkeit. Gib uns die Kraft, dir treu und demütig zu folgen.

Vater Unser – Ave Maria – Ehre sei dem Vater

Fünfter Tag: Jesus im Kreis seiner Spötter – Die Dornenkrönung
Im Namen des Vaters und des Sohnes und des Heiligen Geistes. Amen.

Wir hören auf Gottes Wort: „Die Soldaten führten Jesus in den Palast hinein, das heißt in das Prätorium, und riefen die ganze Kohorte zusammen. Dann legten sie ihm einen Purpurmantel um und flochten einen Dornenkranz; den setzten sie ihm auf und grüßten ihn: Heil dir, König der Juden! Sie schlugen ihm mit einem Stock auf den Kopf und spuckten ihn an, knieten vor ihm nieder und huldigten ihm" (Mk 15,16–19).

Wir schauen auf unser Leben: Wann sind wir geneigt, uns in den Kreis der Spötter zu begeben? Machen wir mit, wenn andere Menschen an den Pranger gestellt werden? Haben wir Freude daran, wenn Menschen verspottet und verhöhnt werden? Schauen wir genau hin, was Menschen mit Menschen machen? Welchen Königen laufen wir hinterher? Ist Christus der König unseres Lebens? Sind wir bereit, mit Ehrfurcht unser Knie vor diesem einzig wahren König zu beugen? Erkennen wir seine Königsherrschaft im Leben unserer Gesellschaft, des Staates und in unseren Familien an?

Wir beten: Jesus, du bist der wahre König! Dir sei alle Macht und Ehre. Auch in deiner Dornenkrönung bist du der ganz Erhabene. Du erträgst alles ohne Murren und Auflehnung. Wir können nur staunend dastehen und dich so in deiner Erniedrigung betrachten. Herr, verzeihe uns, wenn wir uns durch unser Fehlverhalten in den Kreis der Spötter begeben haben. Hilf uns, respektvoll miteinander umzugehen.

Vater Unser – Ave Maria – Ehre sei dem Vater

Sechster Tag: Jesu letzter Gang – Der Kreuzweg
Im Namen des Vaters und des Sohnes und des Heiligen Geistes. Amen.

Wir hören auf Gottes Wort: „Dann führten sie Jesus hinaus, um ihn zu kreuzigen. Auf dem Weg trafen sie einen Mann aus Zyrene namens Simon; ihn zwangen sie, Jesus das Kreuz zu tragen" (Mt 27,31b–32).

Wir schauen auf unser Leben: Jesus geht seinen letzten Gang durch die Gassen und Straßen der Stadt. Dort hinterlässt er die Spuren seines kostbaren Blutes. Wie sieht es heute in den Gassen unserer Städte aus? Wie viel wird, gerade in der Anonymität der Großstadt, gesündigt: die Lieblosigkeit, die Vereinsamung, die Vernichtung des ungeborenen Lebens und die Herabwürdigung vieler Frauen sind nur einige Aspekte dieser Verrohung. Bitten wir den Herrn, dass er mit seiner Gegenwart die Finsternis unserer Städte wieder hell machen möge. Nur durch IHN kann der Kultur des Todes ein Ende gesetzt und das Leben wieder lebenswert werden.

Wir beten: Jesus, hilf uns, gemeinsam mit dir unseren Kreuzweg zu gehen. Zeige uns die Menschen, denen wir hilfreich und zur Seite stehend ein Simon von Zyrene sein können. Gehe durch die Straßen unsere Städte und mach die dunklen Gassen der Sünde wieder hell. Herr, bekehre uns!

Vater Unser – Ave Maria – Ehre sei dem Vater

Siebter Tag: Jesu Lebenshingabe – Die Kreuzigung
Im Namen des Vaters und des Sohnes und des Heiligen Geistes. Amen.

Wir hören auf Gottes Wort: „Es war um die sechste Stunde, als eine Finsternis über das ganze Land hereinbrach. Sie dauerte bis zur neunten Stunde. Die Sonne verdunkelte sich. Der Vorhang im Tempel riss mitten entzwei und Jesus rief laut: Vater, in deine Hände lege ich meinen Geist. Nach diesen Worten hauchte er seinen Geist aus" (Lk 23,44–46).

Wir schauen auf unser Leben: Auch wir werden sterben müssen. Der Gedanke erfüllt uns mit Schauder und Angst. Am liebsten wollen wir gar nicht daran denken. Schauen wir auf die Vertrautheit des Sohnes mit dem Vater. Selbst in dieser schrecklichen Stunde seines Endes kann Jesus sich noch vertrauensvoll in die Hände seines Vaters geben. Durch sein kostbares Blut können wir für unsere Todesstunde diese Gnade erbitten, im Frieden mit Gott und den Menschen gehen zu können.

Wir beten: Jesus, durch das Blutvergießen am Stamm des Kreuzes hast du die ganze Welt erlöst. Wir danken dir für das Geschenk der Erlösung. Wir bitten dich, steh du uns in unserer Todesstunde zur Seite. Hilf uns, nicht zu verzweifeln, und gib uns die Gnade, dass das letzte Wort unseres Lebens folgendes ist: Jesus, sei mir Jesus!

Vater Unser – Ave Maria – Ehre sei dem Vater

Achter Tag: Jesu Liebe bis in den Tod – Die Seitenöffnung

Im Namen des Vaters und des Sohnes und des Heiligen Geistes. Amen.

Wir hören auf Gottes Wort: „Als sie aber zu Jesus kamen und sahen, dass er schon tot war, zerschlugen sie ihm die Beine nicht, sondern einer der Soldaten stieß mit der Lanze in seine Seite und sogleich floss Blut und Wasser heraus. Und der, der es gesehen hat, hat es bezeugt und sein Zeugnis ist wahr. Und er weiß, dass er Wahres berichtet, damit auch ihr glaubt" (Joh 19,33–35).

Wir schauen auf unser Leben: Wissen wir darum, was Jesus uns durch seine geöffnete Seite geschenkt hat? Die geöffnete Seite Jesu ist der Geburtsort der Kirche. Durch sie schenkt er uns Anteil am übernatürlichen Leben durch den Empfang der heiligen Sakramente. Wie steht es mit unserer Liebe zur Kirche? Bemühen wir uns, mit Jesus und seiner Kirche ein Leben aus den Sakramenten zu gestalten? Bitten wir Jesus, dass wir immer dankbarer werden für die Früchte seines geöffneten Herzens.

Wir beten: Jesus, wir danken dir, dass du uns die Kirche und die Sakramente als Zeichen deiner bleibenden Gegenwart geschenkt hast. Wir bitten dich besonders auch für den Papst, den Bischof und die Priester, die du zu Verwaltern deiner Sakramente berufen hast. Stärke sie in ihrem Dienst und gib ihnen Anteil an der liebenden Offenheit deines heiligsten Herzens, damit die Menschen an ihnen deine Freundlichkeit erkennen können.

Vater Unser – Ave Maria – Ehre sei dem Vater

Neunter Tag: Der Sieg des Lammes –
Dank für die Liebestat des Heilands

Im Namen des Vaters und des Sohnes und des Heiligen Geistes. Amen.

Wir hören auf Gottes Wort: „Jetzt ist er da, der rettende Sieg, die Macht und die Herrschaft unseres Gottes und die Vollmacht seines Gesalbten; denn gestürzt wurde der Ankläger unserer Brüder, der sie bei Tag und bei Nacht vor unserem Gott verklagte. Sie haben ihn besiegt durch das Blut des Lammes und durch ihr Wort und Zeugnis; sie hielten ihr Leben nicht fest, bis hinein in den Tod" (Offb 12,10–11).

Wir schauen auf unser Leben: Haben wir Hoffnung auf diesen Sieg des Lammes? Glauben wir daran, dass alles Leid und alle Traurigkeit einst ein Ende haben werden? Vertrauen wir auf die siegreiche Wirkung des kostbaren Blutes? Bitten wir Jesus um dieses Vertrauen und seien wir ihm dankbar für seinen Sieg.

Wir beten: Jesus, Lamm Gottes, welches hinwegnimmt die Sünde der Welt, wir ehren dich und danken dir dafür, dass du uns durch dein kostbares Blut so voller Liebe erlöst hast. Wir hoffen auf die Gemeinschaft mit dir im Himmel. Wir freuen uns darauf, dass wir einst mit den Heiligen dich, das Lamm auf dem Thron, anbeten und ehren dürfen im himmlischen Jerusalem. Gib uns die Gnade, ein Leben zu führen, welches dieses Sieges gewiss sein darf.

Vater Unser – Ave Maria – Ehre sei dem Vater

Nachwort: Ehre sei dem Blute Jesu!

Liebe Brüder und Schwestern im Herrn![96]

„Ihr wisst, dass ihr aus eurer sinnlosen, von den Vätern ererbten Lebensweise nicht um einen vergänglichen Preis losgekauft wurdet, nicht um Silber oder Gold, sondern mit dem kostbaren Blut Christi, des Lammes ohne Fehl und Makel" (1 Petr 1,18–19). Der erste Petrusbrief spricht hier von einem Glaubenswissen, das heutzutage vielen völlig abhandengekommen ist. Allzu viele wissen leider nicht mehr um diesen Lösepreis unserer Rettung. Sie setzen – auch wenn sie sich Christen nennen – auf Selbsterlösung und Selbstverwirklichung. Sie leben gerade nicht in jener jedem Christen anstehenden Gewissheit, auf der unser Glaube an den Erlöser und an die Erlösung beruht: nämlich dass wir uns nicht selber erlösen können, sondern dass wir uns die Erlösung schenken lassen dürfen. Der Erste der Apostel mahnt uns somit zur Glaubensbereitschaft, zur Nüchternheit und zur Hoffnung auf die Gnade, die uns bei der Offenbarung Jesu Christi zuteilwird (vgl. 1 Petr 1,13). Er schreibt daher auch uns: „Seid gehorsame Kinder und lasst euch nicht mehr von euren Begierden treiben wie früher, in der Zeit eurer Unwissenheit. Wie er, der euch berufen hat, heilig ist, so soll auch euer ganzes Leben heilig werden" (1 Petr 1,14–15). Die Berufung zur Heiligkeit ist allen Getauften gemeinsam. Sie ergibt sich aus der Taufgnade selbst. Sie wird durch diese grundgelegt und ermöglicht. Die Geschenkhaftigkeit dieser Berufung wird uns erst recht bewusst, wenn wir um jenen Loskauf wissen, den der Sohn Gottes selbst durch sein Erlöserleiden und seinen Erlösertod vollzogen hat. Er ist am Kreuz aus reiner Liebe für uns gestorben. Er hat bei seinem Leiden und Sterben sein

---

[96] Hirtenwort zur Verehrung des Kostbaren Blutes von Erzbischof *Wolfgang Haas* vom 15. Januar 2005 (Abdruck mit freundlicher Genehmigung des Erzbischofs).

Blut für uns vergossen. Er hat damit den Schuldschein getilgt, der gegen uns lautete – einen Schuldschein, der bis in die ferne Vorzeit der Erbsünde zurückreicht und alle menschliche Schuld umfasst. Sein Erlöserblut, das er für uns verströmt hat, ist unendlich kostbar. Silber und Gold, also materielle Werte jeder Art, auf die wir so oft unser Leben bauen, sind nichts im Vergleich zum kostbaren Blut unseres Herrn. Gerade wenn wir uns in das Geheimnis der Eucharistie vertiefen, werden wir der Kostbarkeit des Blutes Jesu inne, das nach der heiligen Wandlung wesenhaft und heilswirksam unter der Gestalt des Weines im Kelch gegenwärtig ist. „Das ist der Kelch des Neuen und Ewigen Bundes, mein Blut ..." – so beginnen die Wandlungsworte. „Das ist der Kelch meines Blutes, des Neuen und Ewigen Bundes ..." – so spricht Christus durch den Priester. Die Erlöserliebe des Heilandes ist unbegrenzt; sein Heil ist allen angeboten. Doch nicht alle nehmen dieses Angebot an. Nicht wenige setzen durch ihre schweren Sünden, durch die Verstocktheit ihres Herzens und durch ihr Desinteresse der Wirksamkeit der Erlöserliebe Jesu bei sich selbst Grenzen. So ist das kostbare Blut nach Gottes allgemeinem Heilswillen zwar allen zugänglich gemacht, aber es kann sich durch den persönlichen Widerstand nicht bei allen heilshaft auswirken. So ist es eben „für viele" vergossen und somit nicht „für alle" erlösend. Wir können nie genug die Mahnung des heiligen Paulus beherzigen, der da schreibt: „Dieser Kelch ist der Neue Bund in meinem Blut. Tut dies, sooft ihr daraus trinkt, zu meinem Gedächtnis! Denn sooft ihr von diesem Brot esst und aus dem Kelch trinkt, verkündet ihr den Tod des Herrn, bis er kommt. Wer also unwürdig von dem Brot isst und aus dem Kelch des Herrn trinkt, macht sich schuldig am Leib und am Blut des Herrn. Jeder soll sich selbst prüfen; erst dann soll er von dem Brot essen und aus dem Kelch trinken. Denn wer davon isst und trinkt, ohne zu bedenken, dass es der Leib des Herrn ist, der zieht sich das Gericht zu, indem er isst und trinkt"(1 Kor 11,25–29). Da ist bei uns allen ehrliche Gewissenserforschung angezeigt. „Wer sich einer schweren Sünde bewusst ist, muss das Sakrament der Buße empfangen, bevor er die Kommunion empfängt" (Katechismus der Katholischen Kirche [KKK] Nr. 1385). Dieses heilende Sakrament wird uns bei der persönlichen Beichte gespendet und ist die kostbare Gabe des Herrn und seiner Kirche, um uns dem Geheimnis des heiligen Leibes und des kostbaren Blutes Jesu Christi würdig zu nahen.

1. Wir *bekennen* das Geheimnis des kostbaren Blutes Jesu Christi.

Unser Katechismus lehrt uns: „Wer durch die Taufe zur Würde des königlichen Priestertums erhoben und durch die Firmung Christus tiefer gleichgestaltet worden ist, nimmt durch die Eucharistie mit der ganzen Gemeinde am Opfer des Herrn teil" (KKK Nr. 1322). Mit den Worten des Zweiten Vatikanischen Konzils bekennt die Kirche: „Unser Erlöser hat beim Letzten Abendmahl in der Nacht, da er verraten wurde, das eucharistische Opfer seines Leibes und Blutes eingesetzt, damit dadurch das Opfer des Kreuzes durch die Zeiten hindurch bis zu seiner Wiederkunft fortdauere und er so der Kirche, der geliebten Braut, das Gedächtnis seines Todes und seiner Auferstehung anvertraue: als Sakrament des Erbarmens und Zeichen der Einheit, als Band der Liebe und österliches Mahl, in dem Christus genossen, das Herz mit Gnade erfüllt und uns das Unterpfand der künftigen Herrlichkeit gegeben wird" (Zweites Vatikanisches Konzil, Liturgie-Konstitution „Sacrosanctum Concilium" Nr. 47). Wir bekennen also mit der ganzen Kirche und in Übereinstimmung mit ihrer lebendigen Tradition, dass die Eucharistie das heilige Opfer ist, in dem auf unblutige Weise das einzigartige Opfer Christi, unseres Erlösers, der sein Leben am Kreuz für uns hingegeben und sein kostbares Blut für uns vergossen hat, vergegenwärtigt wird. Mit der Hingabe des eucharistischen Herrn an den himmlischen Vater vollzieht die Kirche fortwährend in der Kraft des Heiligen Geistes ihre Selbstdarbringung. Jeder von uns, der am eucharistischen Opfer teilnimmt, schenkt sich in Vereinigung mit dem sakramental gegenwärtigen Leib und Blut Christi dem Vater im Himmel. Anders ausgedrückt: Wir legen gewissermaßen uns selbst und unsere Mitmenschen, unsere Anliegen und unsere Nöte, unsere Freuden und unsere Leiden, unsere Arbeit und unsere Mühen, ja sogar unser Sterben und unseren Tod auf die Patene und in den Kelch, die der Priester bei jedem heiligen Messopfer erhebt. Wer das Geheimnis des kostbaren Blutes bekennt und somit seinen Glauben an das Erlösungswerk Jesu Christi bekundet, der kann nicht anders, als selber mit anderen und auch für andere zur Opfergabe werden. Ganz eindringlich ruft uns ein großer „Apostel der Eucharistie" zu: „Betet Jesus an und leistet ihm Sühne für eure Vergehen und für die aller Menschen. Bietet ihm eure Leiden an und die der Menschen, legt euch einige Werke der Buße auf. – Weil eure Genugtuungen und Bußübungen zu schwach und armselig sind, um die großen Vergehen zu sühnen, vereinigt sie mit jenen von Jesus Christus, eurem Erlöser am Kreuz. Sammelt das göttliche Blut, das seinen Wunden entquoll, und opfert es der göttlichen Gerechtigkeit zur Sühne auf; opfert die Leiden Jesu und seinen Tod am Kreuz auf. Bedient euch seiner Schmerzen und seines Gebetes am Kreuz, um vom himmlischen Vater Gnade und Barmherzigkeit für euch und für alle Sünder zu erflehen. Vereinigt eure Sühne mit jener der allerseligsten Jungfrau Maria zu Füßen des Kreuzes.ß" (Aus den Schriften des hl. Peter Julian Eymard [1811–1868], La Sainte Eucharistie I, Montréal 1950 [zit. Eucharistie – Licht und Leben], 1995, S. 190).

2. Wir *verehren* das Geheimnis des kostbaren Blutes Jesu Christi.

Wenn wir auf die Verehrung des kostbaren Blutes unseres Erlösers Jesus Christus hinweisen und diese zu fördern suchen, dann bewegen wir uns nicht auf einem religiösen Nebenschauplatz. Bei der Verehrung des Blutes Christi geht es beileibe nicht um ein spirituelles Nischenprodukt im religiösen Supermarkt. Im Gegenteil: Hier geht es um eine für den Christen wesentliche Aufgabe. Die Verehrung des kostbaren Blutes zielt direkt auf das Zentrum des Erlösungsgeheimnisses ab. Es geht dabei um jene unaussprechlich große und schöne Liebe, von der das Herz des göttlichen Erlösers ganz erfüllt ist. Sein Herz ist kein blutleeres Herz; es ist das blutvollste und damit vitalste Herz überhaupt. Es geht also um die Verehrung jenes Liebesblutes, das der Sohn Gottes in seiner Liebesglut für uns zur Liebesflut werden lässt. Es geht um die Verherrlichung der überströmenden Liebe, die aus dem Innersten des Gottmenschen Jesus Christus hervorquillt. Diese Liebe ist ausgegossen in unsere Herzen durch den Heiligen Geist, der uns gegeben ist (siehe Röm 5,5). Sie ruft das Echo unseres Herzens hervor und begeistert uns zur Verehrung, Verherrlichung und Anbetung. Der heilige Kaspar del Bufalo, den der selige Papst Johannes XXIII. den „echten und größten Apostel der Verehrung des Kostbaren Blutes Jesu auf der Welt" nannte, drückt sich einmal so aus: „In der Verehrung des Kostbaren Blutes haben wir die Schatzkammer der Weisheit und Heiligkeit. Hierin liegt unser Trost, unser Friede und unsere Rettung. Die Verehrung des Kostbaren Blutes gehört zum Wesen des christlichen Glaubens" (Aus den Schriften des hl. Kaspar del Bufalo, „Generalis operis adumbratio", Vol. XII [zit. Gebete und Feiern CPPS, S. 83]). Ja, wir sind hier nicht im Bereich einer Sonderfrömmigkeit. Wir bewegen uns vielmehr auf dem Gebiet des unerschöpflichen Geheimnisses der Liebe Christi, die alles Begreifen übersteigt (vgl. Eph 3,19). Wir berühren sogar mit Herz und Seele dieses Geheimnis, wenn wir ehrfürchtig aufblicken zum Leib und zum Blut Christi, die uns – wenn auch unter den heiligen Gestalten verborgen – nach der Wandlung gezeigt werden und vor denen wir niederknien sollen wie bei jeder eucharistischen Anbetung. Die heilige Katharina von Siena betont zurecht: „Mit seinem Blut hat er ja das Antlitz unserer Seele gewaschen. Im Blut, das mit so viel Feuer der Liebe und mit so viel Geduld vergossen wurde, schuf er uns neu zur Gnade. Das Blut beschönigte unsere Nacktheit, da es uns mit Gnade bekleidete. Die Wärme des Blutes ließ die Lauheit des Menschen auftauen. Im Blut wurde die Finsternis zerstört und das Licht geschenkt. Im Blut wird die Eigenliebe verzehrt, d. h. die Seele, die nur auf sich schaut, wird vom Blut geliebt und bekommt dadurch eine Stütze, an der sie sich erheben kann aus der elenden Eigenliebe. Nun kann sie ihren Erlöser lieben, der ihr mit so viel Liebesfeuer das Leben gab und wie ein Verliebter den schmachvollen Tod auf sich nahm." (Aus den Schriften [Briefe] der hl. Katharina von Siena [zit. Gebete und Feiern CPPS, S. 59]). Müssen wir da nicht verstummen und vor unserem Erlöser anbetend auf die Knie fallen?

3. Wir *feiern* das Geheimnis des kostbaren Blutes Jesu Christi.

Es wäre gewiss zu wünschen, dass das Fest des Kostbaren Blutes unseres Herrn Jesus Christus am 1. Juli weltweit wiederbelebt würde. Es müsste so nicht nur ein Eigenfest jener Ordensfamilien sein, deren Namen mit dem Geheimnis des Blutes Christi verbunden sind. Wir dürfen uns hierzulande glücklich schätzen, dass vier Gemeinschaften mit diesem Namen ausgezeichnet sind: die Missionare vom Kostbaren Blut, die Schwestern vom Kostbaren Blut, die Anbeterinnen des Blutes Christi und die Missionarinnen vom Blute Christi. Ihnen kommt es besonders zu, dem Gründergeist entsprechend die Verehrung, Verherrlichung und Anbetung des kostbaren Blutes unseres göttlichen Erlösers sorgfältig zu pflegen und wirksam zu fördern. Das kommt uns allen dann segensreich zugute und lässt uns dafür von Herzen dankbar sein. Wir sind eingeladen, selber gelegentlich – wenn dies möglich ist – die Votivmesse vom Kostbaren Blut unseres Herrn Jesus Christus (vgl. Messbuch II, S. 1098/1099) zu feiern. Dabei wollen wir stets auch den Zusammenhang mit dem Geheimnis des heiligsten Herzens Jesu bedenken und die Herz-Jesu-Freitage mit besonderer Hingabe pflegen. Die Liturgie des Herz-Jesu-Festes lässt uns auf jenen Soldaten schauen, der mit seiner Lanze in die Seite des Gekreuzigten stieß. Wir folgen seinem Blick und stellen mit ihm fest, wie aus dem Innersten Jesu sogleich Blut und Wasser herausfloss (vgl. Joh 19,34). Wir betrachten das Herz des Erlösers und besingen mit den Worten der Präfation das Heilsgeheimnis der Liebe Jesu Christi: „Am Kreuz erhöht, hat er sich für uns dahingegeben aus unendlicher Liebe und alle an sich gezogen. Aus seiner geöffneten Seite strömen Blut und Wasser, aus seinem durchbohrten Herzen entspringen die Sakramente der Kirche. Das Herz des Erlösers steht offen für alle, damit sie freudig schöpfen aus den Quellen des Heiles." Hiezu lehrt uns die heilige Maria de Mattias den nötigen Tiefblick: „Niemals möge sich unser Herz von jenem ewigen Quell entfernen, der herausfloss aus der Liebeswunde des Herzens Jesu, des Gekreuzigten, unseres geliebten Bräutigams. Hierdurch werden unsere bescheidenen Mühen, die wir aus Liebe zu Gott übernommen haben, leicht gemacht. Wir wollen unsere Augen auf den Gekreuzigten heften und wir brauchen nicht zu fürchten, er lasse uns zugrunde gehen, wenn wir nur ihm treu bleiben" (Aus den Schriften [Briefe] der hl. Maria de Mattias [zit. Gebete und Feiern CPPS, S. 18]). Mit besonderer Feierlichkeit begehen wir jeweils das Fronleichnamsfest und bitten dabei um die Gnade, die heiligen Geheimnisse seines Leibes und Blutes so zu verehren, dass uns die Frucht der Erlösung zuteilwird. Mit dem heiligen Kirchenlehrer Thomas von Aquin bekennen wir am Hochfest des Leibes und Blutes Christi in der Sequenz: „Treu dem heiligen Befehle / wandeln wir zum Heil der Seele / in sein Opfer Brot und Wein. – Doch wie uns der Glaube kündet, / der Gestalten Wesen schwindet, / Fleisch und Blut wird Brot und Wein. – Was das Auge nicht kann sehen, / der Verstand nicht kann verstehen, / sieht der feste Glaube ein" (Fronleichnamssequenz „Lauda, Sion, Salvatorem"). Bei jeder Feier des heiligen Messopfers feiern wir das Geheimnis des heiligen Leibes und des kostbaren Blutes Jesu Christi, durch das wir aus allen Stämmen und Sprachen, aus allen Völkern und Nationen, erkauft sind (vgl. Offb 5,9). So könnte über jedem Ort, wo die heilige Eucharistie gefeiert und aufbewahrt wird, ja über unser aller Leben der Lobpreis stehen: Ehre sei dem Blute Jesu!

Maria, die Mutter Jesu und die Mutter der Kirche, wird die „Mutter vom Kostbaren Blut" genannt, weil in ihr der göttliche Sohn sein Erlöserblut empfangen hat. Sie ist aber ebenso in einem geistlichen Sinne die Mutter des heiligen Blutes. Sie hat ihren Sohn gerade auch auf dem Weg der Schmerzen und des Leidens begleitet. Während Jesus am Kreuz verblutete, hat die Mutter zu Füßen des Kreuzes gleichsam ihr Herzblut hingegeben. Solch liebende Hingabe steht auch uns an, die wir durch das kostbare Blut erlöst sind und dem Blute Jesu stets die Ehre geben wollen – nicht nur durch Worte, sondern durch unser ganzes Leben. Amen.

BIBLIOGRAPHIE

Baumann, F., Pius XII. erhob sie auf die Altäre. Die Heilig- und Seliggesprochenen seines Pontifikates, Würzburg 1960.

Benedikt XVI., Heilige und Selige. Große Frauengestalten des Mittelalters, Illertissen 2011.

Benedikt XVI., Lehrer des Glaubens. Franziskaner und Dominikaner, Illertissen 2012.

Burger, F., Erlöst in Blut und Wunden, Feldkirch o. J.

Chesterton, G. K., Thomas von Aquin, 2. Aufl., Heidelberg 1957.

Chenu, M.-D., Das Werk des hl. Thomas von Aquin, Die Deutsche Thomas-Ausgabe, 2. Ergänzungsband, Heidelberg 1960.

Das Römische Martyrologium – Übersetzt von den Benediktinern der Erzabtei Beuron, Nachdruck der unveränderten Neuauflage der Ausgabe von 1962, Bobingen 2015.

Denzinger, H., Kompendium der Glaubensbekenntnisse und kirchlichen Lehrentscheidungen. Verbessert, erweitert, ins Deutsche übertragen und unter Mitarbeit von *H. Hoping* hrsg. von *P. Hünermann,* 43. Aufl., Freiburg im Breisgau 2010 (zit. als *Denzinger,* Rn.).

Diekamp, F.; Jüssen, K., Katholische Dogmatik. Bearbeitet von *R. de Luca,* Wil 2013.

Emmerich, A. K., Das bittere Leiden unseres Herrn Jesus Christus. Nach den Betrachtungen der Augustinerin von Dülmen. Aufgeschrieben und mit einem Lebensabriss der Begnadeten versehen von *C. Brentano,* 19. Aufl., Stein am Rhein 2006.

Exegetisches Wörterbuch zum Neuen Testament, hrsg. v. *H. Balz* und *G. Schneider,* Bd. I, Stuttgart 1980 (zit. als *Verfasser,* Artikel „__", in: EWNT Bd. I., Sp.).

Faber, F. W., Das kostbare Blut oder der Preis unserer Erlösung. Mit Genehmigung des Verfassers ins Deutsche übertragen, Regensburg 1860.

Gertz, B.; Hoffmann, A., Katharina von Siena. Ausgewählte Texte aus den Schriften einer großen Heiligen, Düsseldorf 1981.

Gnädinger, L. (Hg.), Katharina von Siena. Briefe für die Erneuerung der Kirche, Kevelaer 2011.

Gotteslob. Katholisches Gebet- und Gesangbuch. Ausgabe für die Diözese Münster, Münster 2013.

Frauenkloster Schellenberg (Hrsg.), Vergissmeinnicht. Betrachtungs- und Gebetsbüchlein der Schwestern vom Kostbaren Blut (SPPS) zum Andenken an die frommen Gründer Mutter Anna Maria Brunner und Pater Franz M. Salesius Brunner, Schellenberg 2005.

Frauenkloster Schellenberg (Hrsg.), Festschrift zum Klosterjubiläum: „150 Jahre Schwestern vom Kostbaren Blut in Schellenberg 1858–2008", Schellenberg 2008.

Frauenkloster Schellenberg (Hrsg.), Novene zum Kostbaren Blut mit Anna Maria Brunner, Jestetten 2013.

Haag, H., „Das Blut ist die Seele". Eine biblische Besinnung, in: *J. Brülisauer, H. Haag, W. Schildmann*, Das Heilig Blut zu Willisau. Festschrift zur 600-Jahr-Feier, Passau 1992, S. 35–43.

Handbuch theologischer Grundbegriffe zum Alten und Neuen Testament, hrsg. v. *A. Berlejung* und *C. Frevel*, Studienausgabe, 5. Aufl., Darmstadt 2016 (zit. als *Verfasser*, Artikel „__", in: HGANT, S.).

Herders Theologischer Kommentar zum Neuen Testament. Die Evangelien. Begründet von *A. Wikenhauser*, hg. von *J. Gnilka* und *L. Oberlinner*, Sonderausgabe der Wissenschaftlichen Buchgesellschaft Darmstadt, Freiburg i. Brsg. 2000 (zit. als *Verfasser*, HThKNT, Bd.__, S.__).

Hesemann, M., Stigmata. Sie tragen die Wundmale Christi, Güllesheim 2006.

Hoeres, W., Sein heiliges Blut – das verratene Festgeheimnis –, in: Theologisches 31 (2001), Nr. 9, Sp. 371–376.

Hoping, H., Mein Leib für euch gegeben. Geschichte und Theologie der Eucharistie, 2. erweiterte Aufl., Freiburg i. Brsg. 2015.

Kolb, K., Vom heiligen Blut. Eine Bilddokumentation der Wallfahrt und Verehrung, Würzburg 1980.

Lexikon für Theologie und Kirche, Bände 1–14. Sonderausgabe, Freiburg im Breisgau 1986 (zit. als *Verfasser*, Artikel „__", in: LThK, Bd.__, Sp.).

Lohrum, M.; Dörtelmann, M. M., Katharina von Siena. Lehrerin der Kirche, 2. Aufl., Leipzig 1997.

Mäder, R., Das Kostbare Blut Christi, Oberriet o. J.

Missionare vom Kostbaren Blut (Hg.), Zu einer Spiritualität des Blutes Christi: Die wichtigsten Texte des hl. Gaspare del Bufalo (1786–1837), des Gründers der Kongregation der Missionare vom Kostbaren Blut, CPPS, über das Kostbare Blut Jesu Christi, Übersetzung aus dem Italienischen, mit Einführung, C.PP.S.-Studien Bd. 8, Salzburg 2008.

Münch, C., Eine Verwandlung, die den Unglauben auf die Probe stellt. Das Eucharistische Wunder von Lanciano, in: VATICAN*magazin* Heft 11, 2016, S. 8–15.

Nigg, W., Glanz der Legende. Eine Aufforderung, die Einfalt wieder zu lieben, Stuttgart 1964.

Otto, D., Zur Liebe erlöst. Das Kostbare Blut und die Ordensgründerin Anna Marie Brunner, Jestetten 2012.

Otto, D., Der Neue Bund in Meinem Blut. Messbetrachtung und Novene zum Kostbaren Blut Jesu, Jestetten 2013.

Overath, J., Fließendes Erbarmen. Eine Deutung der Litanei vom Kostbaren Blut Jesu Christi, Kisslegg 2009.

Papst Pius XII., Ansprachen Pius' XII. an Neuvermählte, übersetzt und eingeleitet von *F. Zimmermann*, Regensburg 1950.

Ramm, M., Volksmissale. Das vollständige römische Messbuch nach der Ordnung von 1962 lateinisch/deutsch, Thalwil 2015.

Ratzinger, J. (Benedikt XVI.), Jesus von Nazareth, Zweiter Teil: Vom Einzug in Jerusalem bis zur Auferstehung, Freiburg i. Brsg. 2010.

Regensburger Neues Testament. Die Evangelien; hg. von *A. Wikenhauser* und *O. Kuss,* Bände 1–4, Regensburg 1955ff. (zit. als: *Verfasser,* RNT, Bd.__, S.__).

Rodheudt, G., Und das Brot ist Fleisch geworden. Das eucharistische Wunder von Liegnitz, in: VATICAN*magazin* Heft 11, 2016, S. 16–22.

Schaffer, R., Die Armee vom Kostbaren Blut, 8. Aufl., St. Andrä-Wördern 2011.

Schlosser, M., Katharina von Siena begegnen, Augsburg 2006.

Schmid, E., Basilika und Klosteranlage Weingarten, Schnell & Steiner Kunstführer Nr. 528, 38. Aufl., Regensburg 2016.

Schott, A. (Hg.), Das vollständige römische Messbuch. Lateinisch-deutsch. Nachdruck der SCHOTT-Ausgabe aus dem Jahr 1962, Opfenbach-Wigratzbad 2007.

Schott-Messbuch für verschiedene Anlässe, Bd. 3, Freiburg i. Brsg. 1986.

Theologisches Wörterbuch zum Neuen Testament, hg. v. *G. Kittel*, Bd. 1, Stuttgart 1933 (zit. als *Verfasser*, Artikel „__", in: ThWNT, Bd. 1, S.).

Thomas von Aquin, Des Menschensohnes Leiden und Erhöhung, Deutsche Thomasausgabe der *Summa Theologica*, Bd. 28, Heidelberg 1956.

Thomas von Aquin, Das Geheimnis der Eucharistie, Deutsche Thomas-Ausgabe der *Summa theologica*, Bd. 30, Salzburg 1938.

Thomas von Aquins Kommentar zum Johannesevangelium, Teil 1, hrsg. von *P. Weingartner, M. Ernst und W. Schöner*, Göttingen 2011.

Thomas von Aquins Kommentar zum Johannesevangelium, Teil 2, hrsg. von *P. Weingartner, M. Ernst und W. Schöner*, Göttingen 2016.

Thomas von Aquin, Summa contra gentiles. Gesamtausgabe in einem Band, Lateinisch und deutsch, hrsg. v. *K. Albert* u. a., 4. Aufl., Darmstadt 2013.

Tück, J.-H., Gabe der Gegenwart. Theologie und Dichtung der Eucharistie bei Thomas von Aquin, 3. Aufl., Freiburg i. Brsg. 2014.

Weidinger, E. (Hrsg.), Legenda aurea. Das Leben der Heiligen, Aschaffenburg 1986.

Weiss, F., Gottes Blut. Wunder, die die Welt nicht leugnen kann. Mit einem Vorwort von Prälat *R. Mäder*, 2. Aufl., Stein am Rhein 1988.

Wermter, W. M., Rette uns! – Gebete zu Ehren des Heiligen Blutes, Aufhausen 2011.

Winterhalter; E., Das kostbare Blut Jesu Christi. Der größte Trost der Armen Seelen, 18. Aufl., Hauteville 2004.

Zemanek, J., Die Deuteworte des Abendmahls im Kontext des Alten Testaments, Heiligenkreuz 2013.

Die Bibelzitate sind folgender Ausgabe der Einheitsübersetzung von 1980 entnommen: *Neue Jerusalemer Bibel.* Einheitsübersetzung mit dem Kommentar der Jerusalemer Bibel, Freiburg i. Brsg. 1985.